Giuseppe Losito

LECCIONES
DE TAE KWON DO

dve
PUBLISHING

© Editorial De Vecchi, S. A. 2018
© [2018] Confidential Concepts International Ltd., Ireland
Subsidiary company of Confidential Concepts Inc, USA
ISBN: 978-1-64461-028-2

ÍNDICE

LA PREPARACIÓN:
DEL CINTURÓN AMARILLO AL CINTURÓN NEGRO

INTRODUCCIÓN

Este libro nace de mi experiencia como instructor de artes marciales; tanto en la explicación de las lecciones como en el contacto con los alumnos, he podido constatar que todos, ya sean principiantes o expertos, tienen necesidad de disponer de un instrumento accesible para repasar las enseñanzas recibidas en el gimnasio y fijar los puntos principales. El manual que le ofrecemos es una guía práctica para ayudar a quienes realizan un curso de *Tae Kwon Do*, porque encontrarán aquí una ayuda para solucionar sus dudas, pero es también muy útil para acercar a los que sienten curiosidad por este arte marcial y a los apasionados de las artes marciales en general, gracias a sus ilustraciones y a las explicaciones fáciles e inmediatas.

Tras una parte inicial reservada a la información histórica, a las nociones y a las posiciones fundamentales de *Tae Kwon Do*, cada capítulo está dedicado a un cinturón, desde el amarillo hasta el marrón; para el cinturón negro, en cambio, se ha previsto un capítulo introductorio, ya que se trata de un tema muy complejo que requiere un tratamiento aparte.

En cada capítulo se ilustran las técnicas fundamentales relativas a cada cinturón, que el practicante deberá memorizar y aplicar para realizar las secuencias del movimiento, que se denominan *formas*.

Sólo nos queda desearle que disfrute con la lectura y que realice un buen trabajo.

El nombre Tae Kwon Do *según la grafía coreana*

5

LAS NOCIONES FUNDAMENTALES

El *Tae Kwon Do* es la versión moderna de un antiguo y noble arte marcial coreano, que utiliza el cuerpo humano como sistema de ataque y de defensa.

Traduciendo literalmente del coreano *Tae* significa «saltar y dar patadas», mientras que *Kwon* se refiere al «puño» y *Do* es «arte». La palabra compuesta significa «el arte de combatir con la utilización de patadas y puños en salto».

Como todas las artes marciales modernas el *Tae Kwon Do* conduce a alcanzar la perfecta armonía entre el cuerpo, el espíritu y la naturaleza.

El *Tae Kwon Do* se diferencia de otras artes marciales por la utilización de las piernas y de los pies con técnicas veloces y lineales, combinados con un movimiento fluido y circular de todo el cuerpo. Las patadas en salto, por ejemplo, que suponen una técnica muy espectacular, están especialmente indicadas contra uno o más adversarios. Al ser un arte marcial definido por técnicas muy precisas, el *Tae Kwon Do* se puede considerar como una auténtica arma. Por esta razón nunca debe utilizarse esta disciplina de forma ofensiva para infligir daño a los demás, sino sólo como un medio para alcanzar el propio equilibrio interior y el bienestar, y para obtener el bien conocido autocontrol propio de las artes marciales.

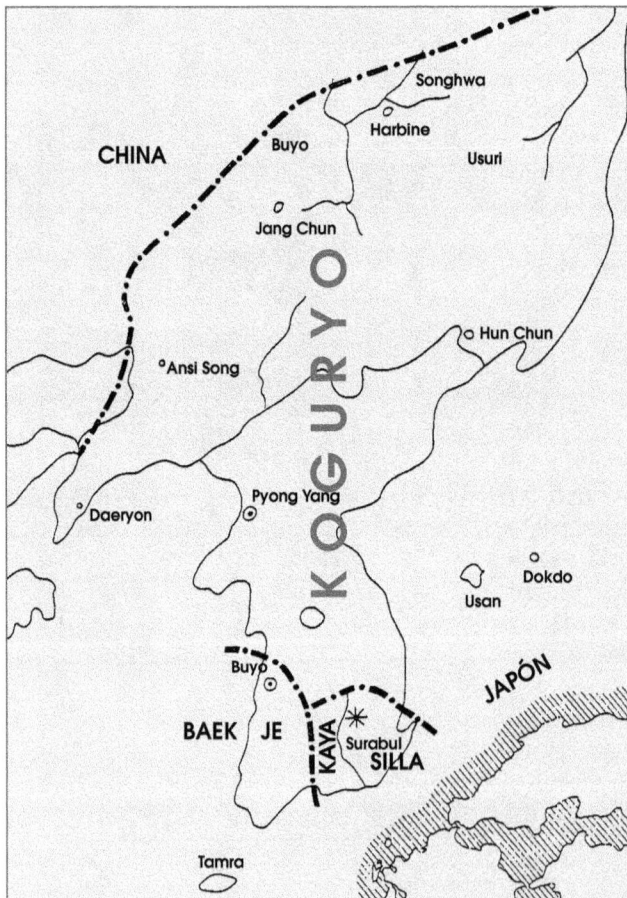

Mapa histórico de Corea en el siglo VII d. de C.

La historia

Los orígenes del *Tae Kwon Do* se remontan al periodo en que la actual Corea estaba dividida en tres reinos, en el siglo VII d. de C.: Silla, que fue fundado en la llanura de Kyong Ju; Baek Je, en el sudoeste de la península coreana, y Koguryo, el más grande, fundado en el valle del río Yulu. El reino de Silla, el más pequeño en extensión, vivía bajo la amenaza de los otros dos. Para su protección y su integridad se creó a principios del siglo VII d. de C. una organización para la cual eran reclutados jóvenes de familias reales de edad comprendida entre los dieciséis y los veinte años, destinados a asumir labores de mando. Tal organización fue llamada *Hwa-Rang-Do*, es decir, «la vía de la hermandad entre los hombres». De esta última surgió uno de los más conocidos personajes de la historia de Corea, el general Kim Yu Shin, que en el año 668 dirigió el complicado proceso de unificación de los tres reinos. En el interior de *Hwa-Rang-Do*, el monje budista Won-Kang estableció las cinco normas de la conducta humana, en las que estaba basada la vida y la disciplina de los jóvenes y futuros generales:

— ser fiel al propio país;
— obedecer a tus progenitores;
— ser leal con los amigos;
— no retirarse nunca en la batalla;
— no matar injustamente.

Tales principios están presentes todavía en los códigos de la vida coreana.

El *Tae Kwon Do* se conoció inicialmente como *Tae Kyon* y así se mantuvo hasta la aparición de la dinastía Koryo (935 d. de C.). En este periodo la enseñanza y la finalidad del *Tae Kwon Do* cambiaron y con ello también el nombre, que llegó a ser *Subak*. A la dinastía Koryo le sucedió la Yi (1397 d. de C.), a la cual se le atribuye el mérito de haber escrito el primer libro sobre *Subak*, y además haber permitido por primera vez la divulgación de la práctica entre la población, además de entre la casta nobiliaria de la época. Gracias a las enseñanzas transmitidas de forma muy reservada en el seno de las familias, el *Subak* logró sobrevivir en épocas posteriores.

Desde su introducción en Europa, el *Tae Kwon Do* ha obtenido un notable éxito, distinguiéndose por la espectacularidad de sus movimientos y por la particular potencia de sus técnicas de piernas.

Los grados

Se dividen en dos grupos:

1. los grados de *Kup*;
2. los grados de *Dan*.

Los grados de *Kup* comienzan en el 10.º y acaban con el 1.º: se utilizan para establecer los diferentes niveles de preparación y de conocimientos del practicante de *Tae Kwon Do*

Para aprender los nombres correctos de los golpes y de las posiciones del *Tae Kwon Do* se han indicado los nombres originales coreanos seguidos cuando es posible de su traducción. Por ejemplo, en la página de al lado, *Kibon Chumbi*: posición de preparación.

¿Derecha o izquierda?

Si durante las explicaciones relativas a las secuencias de los movimientos no se indica nada sobre la pierna y el brazo que hay que utilizar, significa que, según la necesidad (por ejemplo, la dirección en la que viene el ataque), es posible utilizar la pierna o el brazo derechos o viceversa.

previos al cinturón negro. Los grados de *Kup* se obtienen pasando un examen que se realiza en el *Dogyang*, o gimnasio al que pertenecen los alumnos. Examinan el maestro y dos cinturones negros.

Los grados *Dan*, al contrario, comienzan en el 1.° y acaban con el 9.°; superando el examen de cinturón negro se alcanza el 1.er grado *Dan*. Los exámenes se realizan en la propia federación frente a un tribunal compuesto por tres maestros hasta el 6.° *Dan*; desde el 7.° *Dan* hacia delante, en cambio, el examen es realizado por la federación mundial.

Mom: el cuerpo y sus partes

A continuación, vamos a conocer la terminología utilizada en el *Tae Kwon Do* para referirse a las diferentes partes del cuerpo humano, en coreano *Mom*. Se trata de nociones muy importantes para entender en qué dirección deben realizarse los ataques o las defensas.

Olgul: zona alta; indica la cabeza y el cuello

Montong: zona media; indica el busto, desde la base del cuello hasta el abdomen

Pal: brazos

Palkup: codos

Paltuk: antebrazos

Son: manos

Dari: piernas

Murup: rodillas

Are: zona baja; indica la parte inferior del cuerpo, desde el ombligo hasta abajo

Bal: pies

Sogui Kisul: las posiciones fundamentales

Para el *Tae Kwon Do*, como para las artes marciales en general, las posiciones constituyen la base sobre la cual se asientan todas las técnicas de combate, tanto ofensivas como defensivas. Estas, además, permiten mantener el necesario equilibrio durante el combate, evitando así realizar movimientos imprecisos y desequilibrarse o hacer desequilibrar al adversario.

La gran soltura en los desplazamientos y la rapidez en las combinaciones técnicas, muchas de las cuales permiten golpear la cara con los pies, hacen que en el *Tae Kwon Do* sea imprescindible adoptar correctamente las posiciones desde el principio.

A continuación presentamos todas las posiciones fundamentales que los practicantes deben memorizar con la máxima atención, para poderlas repetir en cualquier situación de combate.

CHARYOT SOGUI (posición de firmes)

El cuerpo erguido, las piernas estiradas; los pies separados y los talones tocándose; los brazos caen a lo largo de los costados con las manos cerradas.

KIBON CHUMBI (posición de preparación)

También en esta posición el cuerpo está erguido y las piernas estiradas; los talones, en cambio, están separados entre sí, a una distancia equivalente a la longitud de los pies, y los brazos están paralelos y separados del cuerpo y ligeramente arqueados; los puños están cerrados.

BOM SOGUI
(posición del tigre)

Los brazos están doblados con las manos en la cintura. Una pierna está avanzada respecto a la otra y la distancia entre los pies equivale a la de un paso; el pie de la pierna retrasada está abierto hacia el exterior. Se eleva el talón de la pierna adelantada, de manera que el pie se apoye sobre el metatarso; las piernas deben estar bien dobladas. El peso del cuerpo cae sobre la pierna retrasada.

AP SOGUI
(posición avanzada natural)

Una pierna está avanzada y separada un paso respecto a la otra. Las rodillas están sólo ligeramente dobladas y el peso del cuerpo cae en un sesenta por ciento sobre la pierna anterior. Los brazos están doblados y recogidos hacia el cuerpo, las manos cerradas en puño.

AP KUBI
(posición avanzada larga)

Esta posición es similar a la anterior. Como en el *Ap Sogui* los brazos están doblados y recogidos cerca del cuerpo; los pies, en cambio, están un poco más separados (un paso y medio lateral y hacia delante); además, la pierna anterior permanece doblada, mientras la posterior debe estar completamente extendida.

TUIT KUBI
(posición retrasada)

Los brazos están en la misma posición que en *Ap Kubi*. Una pierna está avanzada un paso respecto a la otra. La pierna retrasada está girada hasta formar un ángulo de 90°; las rodillas están dobladas. El busto está alineado con la pierna retrasada, mientras la mirada sigue la dirección de la pierna desplazada hacia delante. El peso debe estar distribuido un setenta por ciento sobre la pierna retrasada y un treinta por ciento sobre la pierna adelantada.

CHUCHUM SOGUI
(posición del jinete)

Los pies deben estar paralelos. Su distancia debe ser dos veces la anchura de los hombros; las rodillas están flexionadas hacia delante y ligeramente abiertas hacia el exterior. Los brazos están recogidos cercanos al cuerpo con los puños cerrados.

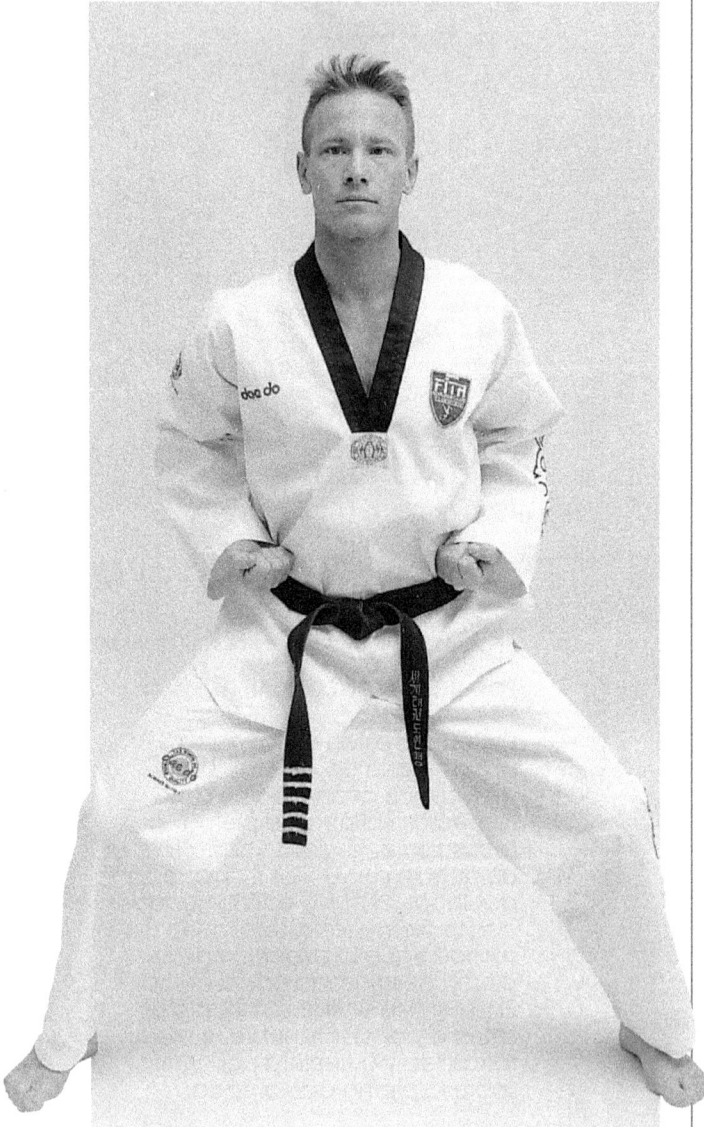

KOA SOGUI
(posición cruzada)

También en esta posición los brazos están recogidos cercanos al cuerpo con los puños cerrados. Las piernas, en cambio, ligeramente dobladas, se entrecruzan para formar una X, de forma que los gemelos de la pierna adelantada toquen la espinilla de la otra pierna. La cabeza está girada hacia el lado de la pierna adelantada.

JAKDARI SOGUI (posición de la cigüeña)

Una rodilla está elevada y el borde interno del pie apoyado sobre la parte interna de la pierna de apoyo, a la altura de la rodilla; la pierna que sostiene el peso del cuerpo está ligeramente doblada.

OGUM SOGUI (posición de la cigüeña)

Esta posición es muy similar a la anterior, con la diferencia de que en *Ogum Sogui* el empeine del pie elevado se apoya detrás de la rodilla de la otra pierna.

AP CHUCHUM

Para realizar correctamente esta posición se necesita dar un paso largo y doblar ambas rodillas: es importante que el peso del cuerpo caiga en un sesenta por ciento sobre la pierna avanzada.

13

Consejos útiles para el combate

En la práctica del *Tae Kwon Do* el combate con el adversario representa un momento de la máxima importancia, ya que permite poner en práctica las posiciones y las técnicas aprendidas. Desde hace unos veinte años el combate se ha vuelto más espectacular y dinámico y requiere además una larga y paciente práctica, a fin de adquirir el pleno dominio de los movimientos. Es indispensable respetar algunas reglas muy sencillas.

1. Es bueno no perder nunca de vista al adversario, porque la más pequeña distracción puede comprometer la correcta secuencia de los movimientos. Es necesario esforzarse para resistir el impulso de cerrar los ojos cuando el adversario ataca, a fin de aprender todo lo posible de sus movimientos y de sus posibles errores.

2. Después de haber adquirido el hábito de observar al adversario en acción, debemos aprender a aprovechar las ocasiones propicias y responder con ímpetu a sus invitaciones. Con el tiempo aprenderemos no sólo a escoger los momentos más adecuados para golpear, sino también a crear la oportunidad favorable, atacando los puntos débiles del otro.

3. Es necesario, además, alcanzar buena velocidad y potencia para realizar correctamente cualquier técnica; la potencia es el producto de la velocidad y de la fuerza y constituye un requisito imprescindible para obtener resultados satisfactorios.

4. La agilidad tiene un papel importante, porque da a nuestros movimientos gracia y armonía, elementos necesarios en cualquier arte marcial. Sin duda, al principio nuestros gestos serán rígidos y poco elegantes. En lugar de desanimarnos debemos perseverar en el esfuerzo de mejorar.

5. Uno de los resultados más difíciles de conseguir es la puesta a punto de una táctica eficaz: esta varía según la técnica personal y las diferencias pueden depender tanto del tipo de entrenamiento como del carácter de cada uno.

Para definirla conviene tener en cuenta la forma en la que se desarrollan los entrenamientos, y valorar, además de la calidad propia, también los defectos (de velocidad, de resistencia, etc.). Ya que durante el combate el análisis del adversario alcanza extrema importancia, es útil también arriesgar los movimientos sólo para obligar al otro a descubrirse: una vez intuido su modo de proceder, resultará más fácil decidir los movimientos sucesivos.

El practicante, ahora ya experto, estará en condiciones de modificar de improviso su propia táctica según el adversario al que se enfrente.

La preparación

Del cinturón amarillo al cinturón negro

Trataremos aquí las técnicas y las formas de combate que todos deben aprender para conocer el arte del *Tae Kwon Do*. Partiremos del esquema (o forma) de combate más sencillo, adecuado para los principiantes que aspiran al cinturón amarillo, para llegar, paso a paso, hasta las técnicas y las formas que constituyen la base del cinturón negro.

Cada cinturón prevé un cierto número de técnicas que se aprenden de memoria y después se aplican en las formas. En el primer capítulo, dedicado al cinturón amarillo, nos ocuparemos de la primera forma *(Taeguk Il Chang)*; en el cinturón naranja, trataremos la segunda *(Taeguk I Chang)*; a propósito del cinturón verde, trataremos la tercera *(Taeguk Sam Chang)*; en el capítulo dedicado al cinturón azul, aprenderemos la técnica de la cuarta *(Taeguk Sa Chang)* y de la quinta *(Taeguk Oh Chang)*; después aplicaremos las técnicas del cinturón marrón en la sexta *(Taeguk Yuk Chang)* y en la séptima forma *(Taeguk Chil Chang)*. Finalmente, en el capítulo introductorio al cinturón negro, nos ocuparemos de la octava forma *(Taeguk Pal Chang)*. En este capítulo ofreceremos, para lograr un resultado más completo, el programa de examen para cinturón negro.

A partir de aquí, cada progreso sólo puede conseguirse mediante las enseñanzas de un gran maestro pero recordando que se necesitan muchos años de duro trabajo y de paciente aplicación en el entrenamiento.

EL CINTURÓN AMARILLO

Las técnicas fundamentales

Son Kisul Maki (las paradas)

Para saberse defender es indispensable aprender bien la técnica de las paradas (que se conocen también como *de defensa* o *bloqueos*). Esto permite dar una respuesta inmediata a cada acción ofensiva que pueda poner en peligro un punto vital o una parte vulnerable de nuestro cuerpo. Cada parada que llegue con retraso o con adelanto respecto al ataque resulta totalmente inútil. Por ello la precisión al interceptar el ataque resulta fundamental.

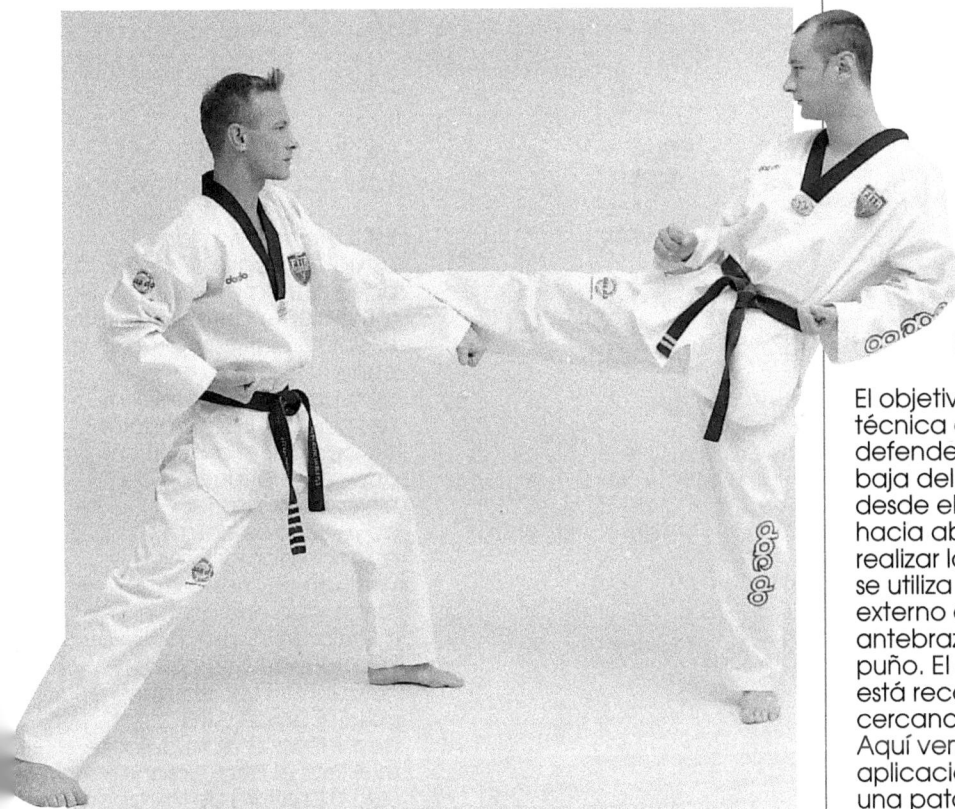

ARE MAKI (parada baja)

El objetivo de esta técnica es defender la parte baja del cuerpo, desde el ombligo hacia abajo. Para realizar la parada se utiliza el lado externo del antebrazo con el puño. El otro brazo está recogido cercano al cuerpo. Aquí vemos la aplicación sobre una patada frontal.

OLGUL MAKI
(parada alta)

Es una técnica que se utiliza para defenderse con el antebrazo de un ataque directo a la cabeza. El brazo que para efectúa una trayectoria diagonal ascendente. El impacto se produce con la parte externa del antebrazo. En este caso la técnica *Olgul Maki* es utilizada contra un adversario que realiza un *Neryo Chagui,* es decir, una potente patada en hacha (véase página 30).

MONTONG AN MAKI
(parada media interna)

Esta técnica ha sido estudiada para proteger la parte media del cuerpo. El movimiento defensivo utiliza el antebrazo que girando el puño hacia el exterior, se desplaza hacia el interior del cuerpo. En la posición de partida, el antebrazo, que tiene la función de parar el golpe del adversario se carga estando doblado en vertical, de modo que forme con el brazo un ángulo de 90 grados; el otro permanece en posición horizontal. El brazo que para el golpe está desplazado hacia delante mientras el otro, bajando, está a la altura de la cadera.

Bal Kisul (patadas)

Recordemos que el *Tae Kwon Do* se distingue de las demás artes marciales por su particular técnica de pie y de piernas.

Para poseer una buena técnica, y desarrollar potencia y velocidad durante la ejecución de una patada, la preparación atlética es muy importante; además, es necesario prestar atención a algunos detalles fundamentales:

- inicio con el apoyo adecuado;
- elevación y extensión brusca de la rodilla;
- correcta posición de los dedos de los pies;
- buena tensión de los tobillos;
- impacto y retroceso de la pierna.

AP CHAGUI
(patada frontal)

Entre todos los ataques de pie, el *Ap Chagui* es el que se realiza con más naturalidad y eficacia: la patada, que golpea al adversario situado frente a nosotros, puede ser directa indiferentemente hacia una zona baja, media o alta del cuerpo y se efectúa con el metatarso, es decir, con la base de los dedos del pie.

BANDAL CHAGUI
(patada frontal girada)

El movimiento presentado con esta patada es una vía intermedia entre la patada girada y la patada frontal. Se comienza con una pierna avanzada respecto a la otra y se lleva hacia delante la pierna retrasada elevando la rodilla hasta la altura de la cadera. En este momento, el pie de apoyo y la cadera empiezan a girar para obtener mayor fuerza y velocidad; después, extendiendo la pierna se busca golpear al adversario con el empeine del pie.

Jirugui Kisul (puñetazos)

El puñetazo, como la patada, es un arma ofensiva natural y puede realizarse con una trayectoria que sea indistintamente directa o indirecta. Para lograr un impacto correcto y eficaz contra el objetivo, la parte del puño que se debe utilizar es la frontal, más exactamente los nudillos que sobresalen del índice y el medio; de otra manera se corre el riesgo de herirse la mano. Para que un ataque tenga éxito, es oportuno aplicar la fuerza en el punto adecuado y en el momento justo, y coordinarla con la velocidad.

OLGUL JIRUGUI AP KUBI (ataque alto en posición avanzada)

Para realizar esta técnica es de fundamental importancia concentrar toda la fuerza del cuerpo, de la mente y del espíritu en el punto de contacto, mientras movemos también las caderas para lograr el máximo efecto. El puño, en cambio, parte del costado en movimiento.

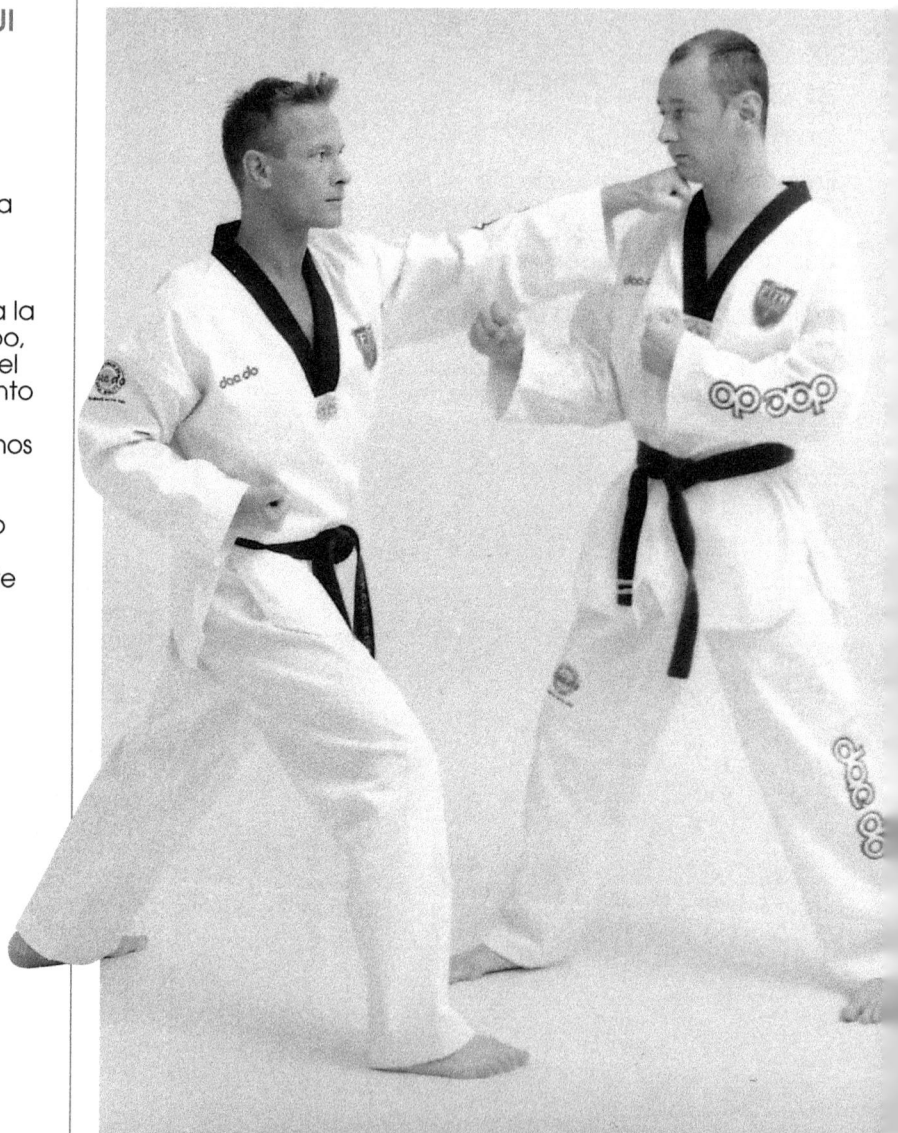

Las formas

Las formas, en coreano *Pumse*, representan la expresión de la técnica pura, que se compone de algunos elementos fundamentales: control, precisión, coordinación, velocidad y fuerza. En este manual nos ocupamos de una forma específica que toma el nombre de *Taeguk*, de *Tae*, que quiere decir «grandeza», y de *Guk* que significa «eternidad». En el *Taeguk* están contenidos los pensamientos del *Chuyok* (el libro de los cambios), uno de los primeros textos de filosofía oriental sobre el tema.

En las formas se distinguen tres fases bien diferenciadas:

• en la primera fase uno se concentra en *el aprendizaje* y en *la memorización* de los movimientos individuales;

• en la segunda, se añade *el perfeccionamiento* de los mismos movimientos, obtenido después de infinitas e incansables repeticiones;

• la tercera fase prevé por fin *la interpretación individual*, imaginando un adversario y transformando la forma técnica en forma simbólica.

Las direcciones

El esquema muestra las direcciones fundamentales en las que se desarrollan los movimientos:

a) atrás;
b) derecha;
c) izquierda;
d) adelante.

Las tres líneas transversales muestran las direcciones laterales (a derecha e izquierda), respecto a la posición más o menos avanzada del cuerpo: por ejemplo, si *d* aparece girado hacia abajo significa que el atleta está mirando hacia delante; si *d* en cambio está arriba, el atleta se ha girado 180 grados y está vuelto con el rostro hacia la parte opuesta.

Este esquema se repetirá en pequeño al lado de cada foto.

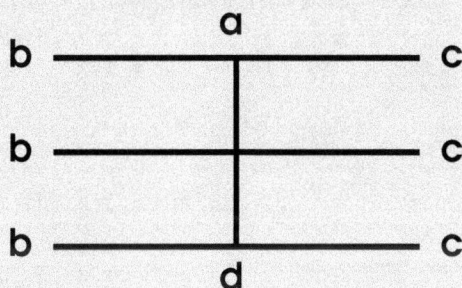

TAEGUK IL CHANG
(primera forma)

1. Comenzamos adoptando la posición de preparación *Kibon Chumbi*. Esta prevé que se desplacen los hombros hacia *a* y el rostro hacia *d*; así a nuestra izquierda tendremos el punto *c* y a nuestra derecha el punto *b*.

2. Adoptamos la posición *Ap Sogui* y giramos a la izquierda para realizar la técnica *Are Maki*.

3. Volvemos a la posición *Ap Sogui* desde la que avanzamos con el pie derecho y lanzamos un *Montong Bande Jurigui*, es decir, un puño medio lanzado con el mismo brazo de la pierna avanzada. El puño se llama medio cuando el brazo está a la altura del hombro.

4. Ahora volvemos a la posición *Ap Sogui,* después giramos el cuerpo a la derecha hacia *b*; podemos realizar la técnica *Are Maki.*

5. Ahora adoptamos la posición *Ap Sogui* después de avanzar con el pie izquierdo y realizamos la técnica *Montong Bande Jurigui.*

6. Adoptamos la posición *Ap Kubi.* Girando hacia la izquierda, en dirección *d,* realizamos la técnica *Are Maki;* manteniendo la misma posición, golpeamos con *Montong Baro Jurigui,* es decir, con un puño lanzado con el brazo opuesto respecto a la pierna avanzada.

7. Desde *Ap Kubi* en posición *Ap Sogui*, movemos el pie derecho hacia *b*, o sea, seguimos la técnica *Montong An Maki*.

8. De nuevo, posición *Ap Sogui*, y avanzamos con el pie izquierdo. Ahora seguimos la técnica *Montong Baro Jirugui*.

9. De nuevo, posición *Ap Sogui* girando el cuerpo a la izquierda, con el pie izquierdo en *c*. Realizamos ahora la técnica *Montong An Maki*.

10. Después de volver nuevamente a la posición *Ap Sogui*, avanzando con el pie derecho realizamos la técnica *Montong Baro Jirugui*.

11. Adoptamos ahora la posición *Ap Kubi* girando el cuerpo a la derecha con el pie derecho en *d*. En este punto, realizamos la técnica de *Are Maki*. Manteniendo la misma posición, golpeamos con *Montong Baro Jirugui*.

12. De *Ap Kubi* salimos en posición *Ap Sogui* moviendo el pie izquierdo en *c* y después aplicamos la técnica *Olgul Maki*.

13. Ahora podemos golpear con el pie derecho un *Ap Chagui* y dejarlo caer en *c*. Después de haber apoyado el pie en el suelo realizamos la técnica *Montong Bande Jirugui.*

14. Volvemos a la posición *Ap Sogui* girando el cuerpo a la derecha y desplazando el pie derecho a *b*. Haremos la técnica *Olgul Maki.*

15. Pateamos con un *Ap Chagui* con el pie izquierdo; después se vuelve a *Ap Sogui* y se realiza la técnica *Montong Bande Jirugui.*

16. Adoptamos la posición *Ap Kubi*, nos giramos hacia la derecha 90 grados y llevamos el pie izquierdo hacia *a*. Ahora realizamos la técnica *Are Maki*.

```
c   d   b
c ──┼── b
c   a   b
```

17. Siempre en posición *Ap Kubi*, avanzamos llevando el pie derecho hacia *a* y realizamos la técnica *Montong Bande Jirugui* acompañándola con el *Kiap*, el grito final.

```
c   d   b
c ──┼── b
c   a   b
```

18. Como conclusión de esta primera forma, realizamos un *Guman*, es decir, el retorno a la posición de partida: haciendo palanca sobre el pie derecho nos giramos a la izquierda 180 grados y miramos hacia *d*.

```
b   a   c
b ──┼── c
b   d   c
```

EL CINTURÓN NARANJA

Las técnicas fundamentales

JANSONNAL ARE MAKI
(parada baja con la mano abierta)

Además de con el puño, la parada baja puede realizarse también con la mano abierta. El objetivo continúa siendo la defensa de la parte inferior del cuerpo.

MONTONG BAKAT MAKI (parada media externa)

Esta técnica se realiza de forma exactamente contraria a la *Montong An Maki* (véase pág. 18): la diferencia está en el movimiento defensivo, que se realiza cargando el brazo desde el interior hacia el exterior. Comenzando con los brazos cruzados, se lleva uno hacia delante y hacia fuera. El otro se mantiene doblado sobre la cadera.

JANSONNAL MONTONG MAKI (parada con el perfil de la mano)

La preparación se realiza cruzando los brazos delante del cuerpo: la mano del brazo que detiene está puesta al nivel de la cadera, y el brazo correspondiente gira moviéndose hacia delante, desde el interior mientras el otro brazo queda apretado contra la cadera. Esta técnica es indicada para la defensa contra patadas y puñetazos medios.

NERYO CHAGUI
(patada en hacha)

Es una patada de mucho efecto, tanto desde el punto de vista táctico y práctico, como desde el de la espectacularidad del movimiento. Para golpear con el *Neryo Chagui* se debe levantar la pierna al máximo, esquivando y superando en altura al adversario. Se suelta el golpe en la fase descendente, utilizando el talón en la distancia corta y la planta del pie si el blanco está, en cambio, un poco más lejano.

Para lograr mayor propulsión, en la fase preparatoria levantamos la pierna doblada hasta la altura de la cadera, llevándola después a la máxima elevación y extensión. Al terminar la pierna se flexiona nuevamente, manteniendo el equilibrio, y se baja al suelo.

AN FURIGUI CHAGUI
(patada girada
hacia el interior)

Puede ser utilizado tanto en el ataque como en la defensa del pie y resulta muy útil en la distancia corta. Para compensar el equilibrio precario se realiza el movimiento a gran velocidad. Por ello, esta patada desarrolla una notable potencia gracias a la fuerza centrífuga producida por la tensión del cuerpo. Se requiere elevar la pierna y la rodilla desde el exterior hacia el interior del cuerpo manteniendo el equilibrio; conviene estirar la pierna al máximo y, después de haber golpeado, recogerla y llevarla al suelo. En el movimiento se debe trazar un semicírculo, para alcanzar al oponente con la parte interna del pie.

Las formas

TAEGUK I CHANG (segunda forma)

3. En la posición *Ap Kubi* realizamos la técnica *Montong Bande Jirugui*; es decir, avanzamos con el pie derecho siempre hacia *c*.

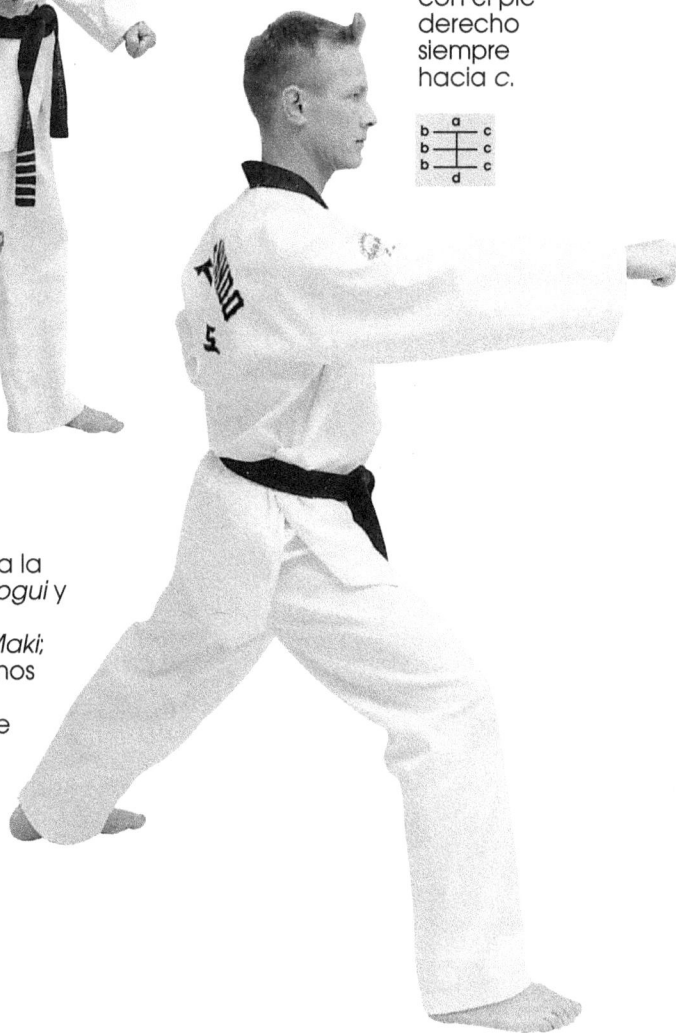

1. Posición de preparación *Kibon Chumbi*.

2. Pasamos a la posición *Ap Sogui* y realizamos la técnica *Are Maki*; después giramos a la izquierda llevando el pie izquierdo hacia *c*.

4. En posición *Ap Sogui*, realizamos la técnica *Are Maki*, es decir, giramos con todo el cuerpo a la derecha, llevando el pie derecho hacia *b*.

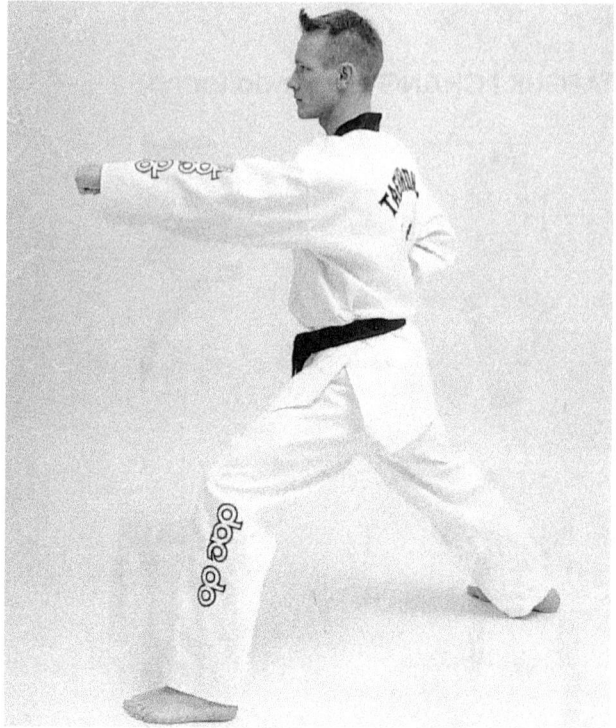

5. Después de haber adoptado la posición *Ap Kubi*, realizamos la técnica *Montong Bande Jirugui*, o sea, avanzamos con el pie izquierdo siempre hacia *b*.

6. En posición *Ap Sogui*, realizamos la técnica *Montong An Maki*. Nos giramos con todo el cuerpo llevando el pie izquierdo hacia *d*.

7. Todavía en posición *Ap Sogui,* realizamos la técnica *Montong An Maki,* es decir, avanzamos un paso con el pie derecho hacia *d.*

```
b ─ a ─ c
b ─┼─ c
b ─ d ─ c
```

8. Volvemos a la posición *Ap Sogui* y aplicamos la técnica *Are Maki.* Utilizando el pie derecho como apoyo movemos el izquierdo hacia *c.*

```
b ─ a ─ c
b ─┼─ c
b ─ d ─ c
```

9. Lanzamos con el pie derecho un *Ap Chagui* haciendo recaer la pierna en *c.* Después de haber concluido este movimiento adoptamos la posición *Ap Kubi* y realizamos la técnica *Olgul Bande Jirugui,* es decir, un puñetazo alto lanzado con el mismo brazo que corresponde a la pierna avanzada.

```
b ─ a ─ c
b ─┼─ c
b ─ d ─ c
```

10. En posición *Ap Sogui,* aplicamos la técnica *Are Maki,* o sea, giramos el cuerpo a la derecha, llevando el pie derecho hacia *b.*

```
b ─ a ─ c
b ─── c
b ─── c
   d
```

11. Lanzamos una patada con *Ap Chagui* con el pie izquierdo y hacemos caer la pierna en *b.* Ahora, en posición *Ap Kubi,* realizamos la técnica *Olgul Bande Jirugui.*

```
b ─ a ─ c
b ─── c
b ─── c
   d
```

12. En posición *Ap Sogui,* aplicamos la técnica *Olgul Maki* parando con el brazo izquierdo, es decir, giramos todo el cuerpo hacia la izquierda y movemos el pie izquierdo hacia *d.*

```
b ─ a ─ c
b ─── c
b ─── c
   d
```

13. En cuanto volvemos a la posición *Ap Sogui* aplicamos la técnica *Olgul Maki* parando con el brazo derecho; mientras, avanzamos un paso llevando el pie derecho hacia *d*.

14. De nuevo en posición *Ap Sogui*, realizamos la técnica *Montong An Maki* a la vez que giramos hacia la derecha moviendo el pie izquierdo hacia *b*.

15. En posición *Ap Sogui* realizamos la técnica *Montong An Maki*. Utilizando el pie izquierdo con palanca, giramos a la izquierda y llevamos el pie derecho a *c*.

16. De nuevo en la posición *Ap Sogui* realizamos la técnica *Are Maki*. Haciendo palanca sobre el pie derecho, llevamos el izquierdo hacia *a*.

```
c   d   b
c ──┼── b
c ──┴── b
    a
```

17. Primero realizamos una patada *Ap Chagui* con el pie derecho y lo apoyamos en *a*. Después, permaneciendo en posición *Ap Sogui* aplicamos la técnica *Montong Bande Jirugui*.

```
c   d   b
c ──┼── b
c ──┴── b
    a
```

18. Realizamos ahora un *Ap Chagui*, esta vez con el pie izquierdo, y apoyando la pierna en *a*. Después, permaneciendo en posición *Ap Sogui*, aplicamos la técnica *Montong Bande Jirugui*.

```
c   d   b
c ──┼── b
c   │   b
    a
```

19. Realizamos otro *Ap Chagui*, ahora con el pie derecho, y apoyamos la pierna en *a*. En este momento, permaneciendo en posición *Ap Sogui* aplicamos la técnica *Montong Bande Jirugui* finalizando con el *Kiap*, el grito final.

```
c   d   b
c ──┼── b
c   │   b
    a
```

20. Como conclusión de la segunda forma, hacemos palanca sobre el pie derecho para volver a la posición de partida: giramos a la izquierda 180 grados, dirigiendo la mirada hacia el punto *d*.

```
b   a   c
b ──┼── c
b   │   c
    d
```

EL CINTURÓN VERDE

Las técnicas fundamentales

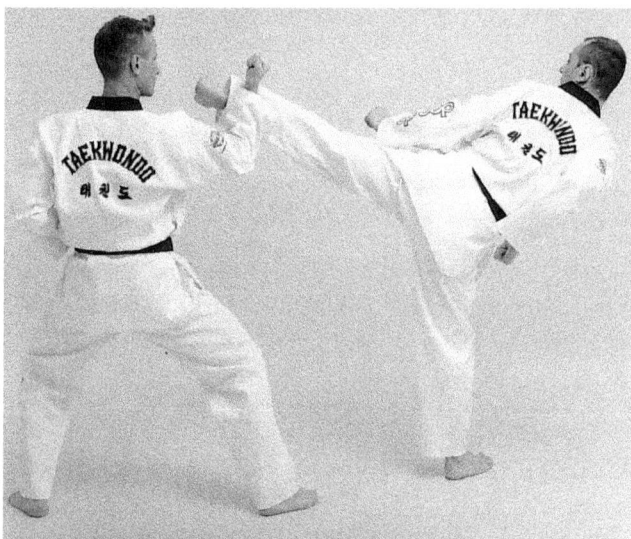

AN PALMOK MONTONG BAKAT MAKI
(parada media lateral)

Mientras realizamos la parada cruzando los brazos a la altura de las muñecas, dejamos al exterior el que para; este último se mueve hacia el exterior del cuerpo y simultáneamente, el otro brazo queda próximo a la cadera. En este caso la parada es utilizada para defenderse de una patada lateral.

SONNAL MAKI
(doble parada con el perfil de la mano)

En esta parada los dedos están tensos con la punta ligeramente doblada, para dar más fuerza a la mano. Para cargar la parada, llevamos los brazos hacia atrás y hacia el exterior, a la vez que llevamos hacia delante el brazo que realiza la parada, mientras el otro se mantiene a la altura del pecho.
Aquí vemos la aplicación de la técnica contra una patada circular hacia delante.

YOP CHAGUI (patada lateral)

Es un ataque directo que se efectúa con el talón o el perfil del pie. Esta técnica puede desarrollar una potencia ofensiva que difícilmente las otras patadas pueden igualar. La utilización del *Yop Chagui* es de gran eficacia defensiva: De esta manera se bloquea cada acción del adversario de una forma rápida, permitiendo a continuación una fácil combinación con las otras técnicas.

Realizamos la patada prestando atención al equilibrio, giramos lateralmente el cuerpo y a la vez levantamos todo lo posible la rodilla, doblándola delante del cuerpo. Extendemos rápidamente la pierna, siempre hacia delante, y la recogemos para volver al apoyo.

DOLLYO CHAGUI
(patada circular hacia delante)

La patada circular se utiliza, en general, cuando el adversario adopta una posición lateral, o una guardia muy cerrada. Podemos elevar la rodilla y girar la cadera, extendiendo a la vez la pierna con la cual queremos lanzar el *Dollyi Chagui*. El cuerpo, mientras realiza una torsión contraria a la de la patada, debe inclinarse hacia delante. Sólo realizando correctamente este movimiento podremos obtener un buen equilibrio y una eficaz rotación del pie que lanza la patada.

Dos son las zonas del pie con las que se puede realizar esta técnica: el empeine (*Baldung*) y el metatarso (*Ap Chuk*).

SONNAL DUNG (golpe con el perfil de la mano)

Su aplicación es directa a la parte alta del cuerpo (cabeza, cuello). La mano que golpea debe estar abierta, con el pulgar doblado bajo la palma, en contacto con este. Debemos lanzar el *Sonnal Dung* de corte con la parte interna de la mano, realizando un movimiento semicircular. Comenzamos apoyando una mano sobre la cadera, mientras el otro brazo está en posición avanzada; al tocar al adversario recogemos sobre el costado el brazo que antes estaba avanzado.

Cuando con el perfil de la mano se apunta al cuello, la técnica toma el nombre de *Sonnal An Chigui* (véase la secuencia 8 y 9 de la pág. 44).

Las formas

TAEGUK SAM CHANG (tercera forma)

1. Posición de preparación *Kibon Chumbi*.

```
b ── a ── c
b ────── c
b ── d ── c
```

2. Después de haber asumido la posición de *Ap Sogui* realizamos la técnica *Are Maki*. Haciendo palanca sobre el pie derecho, nos giramos llevando el izquierdo a *c*.

```
b ── a ── c
b ────── c
b ── d ── c
```

3. En este momento lanzamos un *Ap Chagui* con el pie derecho y después lo bajamos a *c*.

```
b ── a ── c
b ────── c
b ── d ── c
```

4. Después de haber adoptado la posición *Ap Kubi*, aplicamos un *Montong Dubon Jirugui*, un doble puño medio lanzado manteniendo la posición: primero con el brazo derecho y después con el izquierdo.

5. Adoptamos la posición *Ap Sogui* y después realizamos la técnica *Are Maki*. Girando a la derecha, hacia *b*, hacemos palanca con el pie izquierdo.

6. Una vez llegados a la posición *Ap Kubi* golpeamos con el pie izquierdo; después lo bajamos a *b*.

7. De vuelta a la posición *Ap Kubi*, realizamos el doble ataque *Montong Dubon Jirugui*, primero con el brazo izquierdo y después con el derecho.

8. En posición *Ap Sogui*, realizamos la técnica *Sonnal An Chigui*, es decir, un golpe al cuello realizado con el exterior de la mano, girando a la izquierda y llevando el pie izquierdo hacia *d*.

9. Volvemos a la posición *Ap Sogui* para repetir la técnica *Sonnal An Chigui*. Avanzamos con el pie derecho siempre en *d*.

11. En este momento realizamos la técnica *Montong Baro Jirugui*, haciendo palanca sobre el pie derecho, desplazando el izquierdo hacia *c* y asumiendo la posición *Ap Kubi*.

10. Después de haber adoptado la posición *Tuit Kubi*, realizamos la técnica *Jansonnal Montong Bakat Maki*, es decir, la parada media realizada con el corte de la mano llevando el pie izquierdo hacia *c*.

12. Después de adoptar la posición *Tuit Kubi*, repetimos la técnica *Jansonnal Montong Bakat Maki*, girando con todo el cuerpo a la derecha hacia *b*.

13. Asumimos la posición *Ap Kubi* y realizamos la técnica *Montong Baro Jirugui* avanzando con el pie derecho en *b*.

14. Volvemos a la posición *Ap Sogui* y aplicamos la técnica *Montong An Maki*, girando y llevando el pie izquierdo hacia *d*.

15. De nuevo en la posición *Ap Sogui*, realizamos la técnica *Montong An Maki*, avanzando con el pie derecho siempre hacia *d*.

16. Todavía en posición *Ap Sogui* aplicamos la técnica *Are Maki*. Ahora giramos con todo el cuerpo hacia la derecha, moviendo el pie izquierdo en *b*.

17. Lanzamos después un *Ap Chagui* con el pie derecho y llevamos la pierna a *b*.

18. Adoptamos la posición *Ap Kubi* y lanzamos un *Montong Dubon Jirugui* golpeando en primer lugar con un puño, después con el otro, y manteniendo siempre la misma posición.

47

20. Después, con el pie izquierdo lanzamos un *Ap Chagui*, para bajar el pie a *c*.

21. En posición *Ap Kubi* lanzamos un *Montong Dubon Jirugui* golpeando primero con un puño, después con el otro.

19. Una vez girados a la posición *Ap Sogui* realizamos la técnica *Ara Maki*. Haciendo palanca sobre el pie izquierdo, giramos con todo el cuerpo a la izquierda hacia *c*.

22. Pasamos a la posición *Ap Sogui* y realizamos la técnica *Are Maki* después de girarnos a la izquierda colocando el pie izquierdo en *a*; siempre en posición *Ap Sogui*, realizamos un *Montong Baro Jirugui*.

24. Siempre en posición *Ap Sogui*, aplicamos la técnica *Ap Chagui* lanzando una patada con el pie izquierdo ligeramente girado hacia *b* y seguidamente bajamos la pierna hacia *a*.

23. Aún en posición *Ap Sogui* realizamos la técnica *Are Maki*. Avanzando con el pie derecho hacia *a*, después, siempre en la misma posición, lanzamos un *Montong Baro Jirugui*.

25. Nuevamente en posición *Ap Sogui* realizamos la parada baja *Are Maki* y, manteniendo la posición, lanzamos el ataque *Montong Baro Jirugui*.

26. Ahora avanzamos hacia *a* golpeando un *Ap Chagui* con el pie derecho girado ligeramente hacia *c*.

27. Volvemos a la posición *Ap Sogui* y paramos *Are Maki*. Siempre en posición, realizamos el último *Montong Baro Jirugui* con *Kiap*.

28. Como conclusión de la tercera forma, hacemos palanca sobre el pie derecho para volver a la posición de partida: giramos a la izquierda 180 grados llevando la mirada hacia *d*.

EL CINTURÓN AZUL

Las técnicas fundamentales

PYON SON KUT (ataque con la punta de los dedos)

La técnica se realiza como si se tratase de un *a fondo con la espada*. En el *Pyon Son Kut* es importante doblar el pulgar hacia el interior de la mano y mantener los cuatro dedos restantes bien estirados. Existen tres formas diferentes de realizar este ataque:

— *Pyon Son Kut Seuo Chirugui*, golpe con la mano vertical;
— *Pyon Son Kut Checho Chirugui*, golpe con la palma de la mano girada hacia arriba;
— *Pyon Son Kut Opo Chirugui*, golpe con la palma de la mano girada hacia abajo.

JAN SON KUT / GAWI SON KUT (ataque con uno o dos dedos)

Se trata de una variante del *Pyon Son Kut Opo Chirugui*: la palma de la mano está vuelta hacia abajo y el ataque puede ser realizado con uno o dos dedos.

CHEBIPUM MOK CHIGUI (parada y ataque con las manos abiertas)

Se trata de una técnica que pertenece al *Makisul Chiruguisul*, las paradas y ataques; se realiza para blocar la ofensiva y contraatacar. Naturalmente los movimientos deben ser realizados de forma coordinada. Se carga el *Chebipum Mok Chigui* levantando y cruzando los brazos delante; el brazo que para realiza un movimiento ascendente, mientras el otro va hacia delante para golpear con el exterior de la mano. Es fundamental recordar que los movimientos son simultáneos.

DUNG CHUMOK (golpe con el dorso del puño)

Los objetivos principales son la nariz y la sien. La carga se realiza cruzando los brazos delante del cuerpo: un puño está apoyado bajo el hombro y va directo al objetivo. Mientras, el otro brazo permanece en el exterior, doblado, y va a apoyarse sobre la cadera. Al conducir el ataque, la muñeca debe permanecer doblada, girada hacia el punto de impacto.

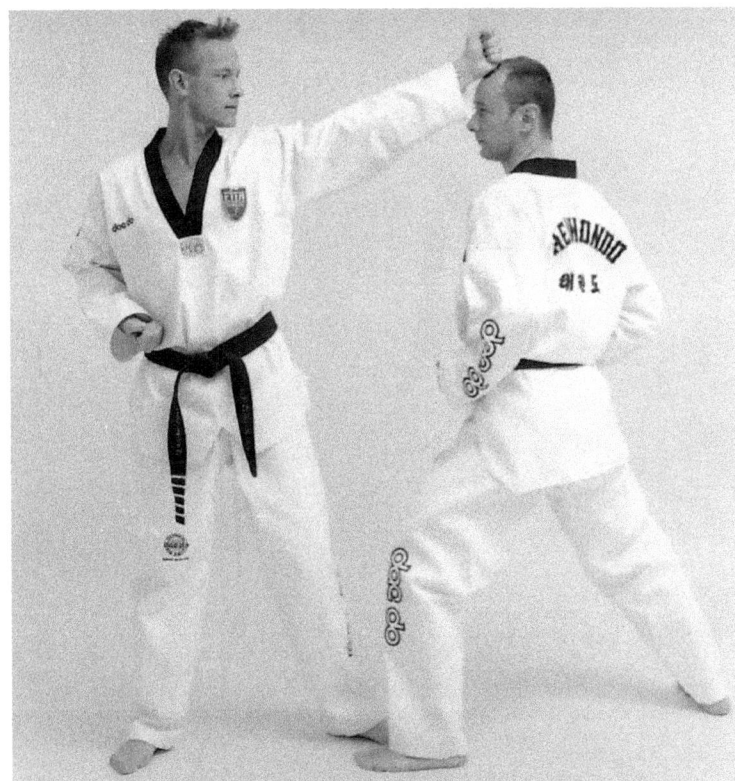

ME CHUMOK (golpe con la parte externa del puño)

Desarrolla una gran potencia; para realizarlo se ha de prestar atención a las tres posiciones que constituyen el movimiento: en la posición inicial se cruzan los brazos; en la posición intermedia un brazo realiza el movimiento ascendente, mientras el otro es llevado hacia la cadera; en la posición final se suelta el puño bajando rápidamente el brazo.

Palkup chigui (golpe de codo)

El golpe de codo se utiliza para atacar en la corta distancia.
Se realiza de diferentes maneras: hacia arriba, hacia abajo, hacia atrás o tirando hacia sí del adversario.
Aquí examinamos dos ejemplos.

• *Olgul Palkup Chigui:* para realizar esta técnica conviene mantener un brazo hacia delante y el otro en el costado. Retiramos el brazo avanzado y movemos hacia delante el otro y con el codo apuntamos al rostro del adversario.

• *Palkup Piochok Chigui:* en este caso se debe extender la mano hacia delante para poder sujetar al adversario; mientras con un brazo tiramos con violencia, con el otro que parte del costado, atacamos al rostro.

PALKUP OLIO CHIGUI (golpe hacia arriba)

Se trata de una técnica de gran eficacia y mucha peligrosidad que tiene como objetivo la parte superior del cuerpo. El brazo que lanza el *Palkup Olio Chigui* parte de la cadera y realiza un movimiento hacia arriba.

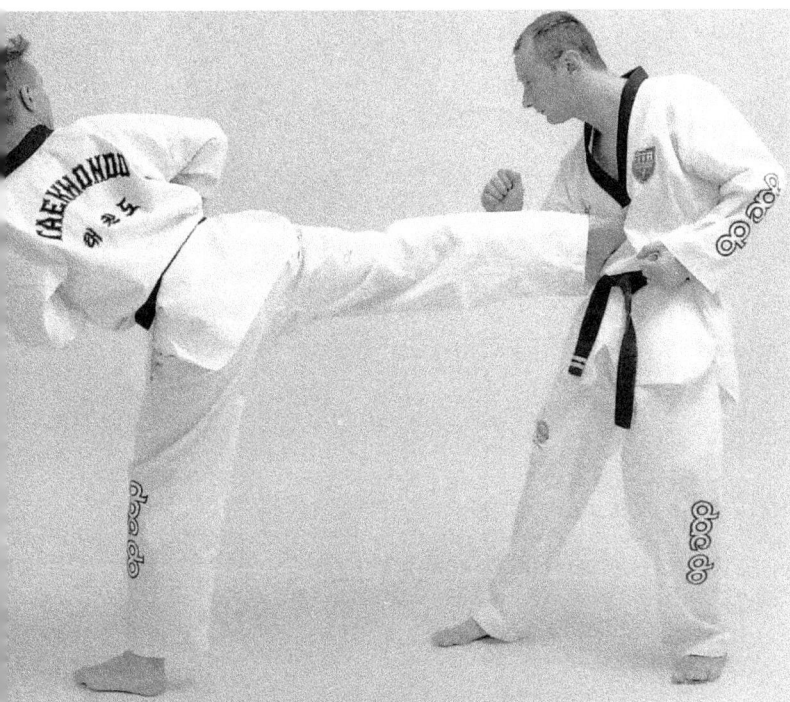

MOMDOLLYO TUIT CHAGUI (patada hacia atrás)

La ejecución del *Momdollyo Tuit Chagui* es bastante compleja, ya que requiere una rotación rápida y equilibrada. Comenzamos con una torsión del tronco, doblando la rodilla en carga cercana a la cadera; después giramos sobre la pierna de apoyo y nos acercamos al objetivo para el impacto definitivo, que se realiza con el talón. Se trata de una técnica muy utilizada en el contraataque, que se podrá realizar en cada tipo de salto o desplazamiento.

MOMDOLLYO TUIT CHAGUI (patada hacia atrás a la cara)

Una de las variantes de la patada hacia atrás prevé la posibilidad de neutralizar al adversario con un potente golpe dirigido a la cara.

55

NAKO CHAGUI (patada en gancho)

El movimiento básico es similar al presentado en la patada lateral, la diferencia está en el momento en que tocamos el objetivo: en la patada lateral se golpea en fase de extensión, mientras que en este caso llegamos al objetivo con la patada recogiendo la pierna después de la extensión. El *Nako Chagui* mira a la cara.

DUBON CHAGUI (patada doble)

Se trata de una técnica realizada con la misma pierna, sin tocar el suelo entre una patada y otra. El *Dubon Chagui* puede realizarse a la misma altura o a alturas diferentes. Para su penetración y eficacia es importante una buena movilidad de la cadera y el cambio de ritmo entre la primera y la segunda patada. La primera puede ser una finta o comportar un ligero contacto y sirve para hacer mover al adversario; en este momento, aprovechando su desplazamiento, se le puede atacar con la segunda patada con un movimiento rápido e inesperado.

Las formas

TAEGUK SA CHANG (cuarta forma)

2. Pasamos a la posición *Tuit Kubi* y realizamos la técnica *Sonnal Montong Maki,* es decir, una doble parada media, con el pie izquierdo girado hacia *c*.

1. Posición de preparación *Kibon Chumbi*.

3. Adoptamos ahora la posición *Ap Kubi* y efectuamos un *Pyon Son Kut Jirugui,* es decir, un ataque con la punta de los dedos. Avanzamos un paso con el pie derecho en *c*.

4. Volvemos a la posición *Tuit Kubi* y aplicamos la técnica *Sonnal Montong Maki*; giramos con todo el cuerpo a la derecha llevando el pie derecho a *b*.

5. Avanzamos ahora un paso con el pie derecho siempre hacia *b*, después aplicamos la técnica *Pyon Son Kut Seuo Jirugui*.

6. Después de haber adoptado *Ap Kubi* podemos efectuar la parada *Chebipum Mok Chigui*. Giramos con todo el cuerpo a la izquierda, hacia *d*, y movemos el pie izquierdo siempre en *d*.

7. En este momento realizamos un *Ap Chagui* con el pie derecho, que después apoyamos en *d*. Posteriormente hacemos un *Montong Baro Jirugui*.

9. Volvemos a la posición *Tuit Kubi* y aplicamos la técnica *Sonnal Montong Maki*.

8. Siempre girados hacia *d*, lanzamos un *Yop Chagui* realizando en primer lugar el movimiento con el pie derecho, que después bajamos a *d* y seguidamente lanzamos la patada con el pie izquierdo, que llevamos todavía en *d*.

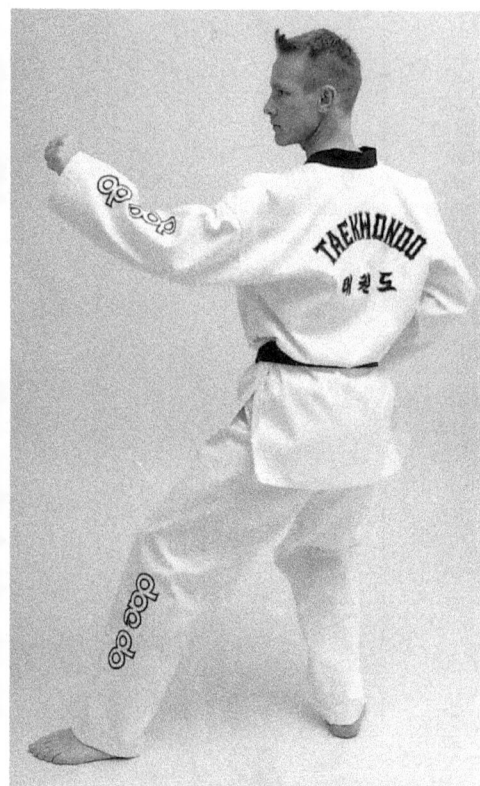

10. Haciendo palanca sobre el pie derecho, nos giramos con todo el cuerpo a la derecha, llevando el pie izquierdo a *b*; después realizamos la técnica *Bakat Palmok Montong Bakat Maki*, es decir, una parada media hacia el exterior, acompañada de una rotación sobre sí mismo.

11. En apoyo sobre el pie izquierdo, realizamos un *Ap Chagui* con el derecho; después de haber llevado la pierna a *b*, soltamos un *Montong An Maki*.

12. En este momento volvemos a la posición *Tuit Kubi*. Giramos a la izquierda, llevando el pie derecho a *c*, y aplicando la técnica *Bakat Palmok Montong Bakat Maki*.

13. En apoyo sobre el pie derecho, lanzamos un *Ap Chagui* con el izquierdo; recogiendo la pierna en el mismo punto realizamos un *Montong An Maki*.

14. Haciendo palanca sobre el pie derecho, nos giramos 90 grados llevando el izquierdo hacia *a*; en esta posición realizamos la técnica *Chebipum Mok Chigui*.

15. En este punto lanzamos un *Ap Chagui* con el pie derecho y después lo bajamos hacia *a*.

61

17. Volvemos a la posición *Ap Sogui* después de hacer palanca sobre el pie derecho y de girar a la izquierda 90 grados, llevando el izquierdo a *b*. Ahora realizamos la técnica *Montong An Maki*, y en la misma posición lanzamos un *Montong Bande Jirugui*.

16. Volviendo a la posición *Ap Kubi* realizamos la técnica *Dung Chumok Olgul Ap Chigui*, es decir, un golpe alto frontal dirigido al tabique nasal y lanzado con el dorso del puño.

18. Volvemos ahora a la posición *Ap Sogui* y después, girando el cuerpo a la derecha hacia *c*, realizamos la técnica *Montong An Maki*. Seguidamente, con los pies fijos en el suelo, realizamos un *Montong Baro Jirugui*.

19. Haciendo palanca sobre el pie derecho, llevamos el izquierdo hacia *a* y aplicamos la técnica *Montong An Maki*.

20. Siempre mirando en *a*, volvemos a la posición *Ap Kubi* y sacamos el primer puño del doble ataque *Montong Dubon Jirugui*. En la misma posición lanzamos el segundo puño.

21. Avanzamos ahora un paso para realizar un *Montong An Maki*.

22. Volvemos ahora a *Ap Kubi*. En la misma posición, lanzamos el primer puño del doble ataque *Montong Dubon Jirugui*; después procedemos con el segundo, acompañándolo con un *Kiap*, grito final.

23. Como conclusión de la cuarta forma, hacemos palanca sobre el pie derecho para volver a la posición de partida: giramos a la izquierda 180 grados, llevando la mirada hacia el punto *d*.

TAEGUK OH CHANG (quinta forma)

1. Posición de preparación *Kibon Chumbi.*

2. Giramos el cuerpo a la izquierda, llevando el pie izquierdo a *c.* Ahora podemos realizar la técnica *Are Maki.*

3. Volvemos a la posición *Ap Sogui* y atacamos con la técnica *Me Chumok Neryo Chigui,* que se trata de un puño en martillo lanzado desde arriba hacia abajo.

4. Haciendo palanca sobre el pie izquierdo, nos giramos elevando el derecho a *b.* Después aplicamos la técnica *Are Maki.*

5. Moviendo el pie derecho, repetimos la técnica *Me Chumok Neryo Chigui.*

```
b  a  c
b ─┼─ c
b  │  c
   d
```

6. Adoptamos ahora la posición *Ap Kubi* y llevamos el pie izquierdo a *d;* aplicamos ahora la técnica *Montong An Maki,* primero con un brazo y después con el otro.

```
b  a  c
b ─┼─ c
b  │  c
   d
```

7. Damos un *Ap Chagui* con el pie derecho; después lo bajamos hacia *d.*

```
b  a  c
b ─┼─ c
b  │  c
   d
```

8. Volvemos a la posición *Ap Kubi* y realizamos un *Dung Chumok*, un ataque al tabique nasal. Siempre en la misma posición realizamos la parada *Montong An Maki*.

9. Siempre mirando hacia *d*, avanzamos lanzando un *Ap Chagui* con el pie izquierdo y lo llevamos hacia el suelo.

10. De vuelta a la posición *Ap Kubi* realizamos un *Dung Chumok Ap Chigui*, un golpe propinado con el dorso del puño, con un movimiento desde arriba hacia abajo. Permaneciendo siempre en la misma posición, nos protegemos con *Montong An Maki*.

67

11. Todavía en posición *Ap Kubi*, avanzamos un paso hacia *d* con el pie derecho y realizamos el ataque *Dung Chumok Olgul Ap Chigui*.

12. Giramos a la derecha con todo el cuerpo, llevando el pie izquierdo hacia *b* y giramos los hombros hacia *d*; aplicamos la técnica *Jansonnal Montong Bakat Maki*, una parada media con el exterior de la mano, seguida a continuación de una rotación del cuerpo.

13. Volvemos ahora a la posición *Ap Kubi* avanzando un paso hacia *b* con el pie derecho. Realizamos la técnica *Palkup Montong Chigui*, un ataque medio de codo.

14. Haciendo palanca sobre la izquierda, nos giramos a la derecha, llevando el pie derecho hacia *c*. En posición *Tuit Kubi* defendemos con *Jansonnal Montong Bakat Maki*.

```
b   a   c
b ──┼── c
b ──┴── c
    d
```

15. Volvemos a la posición *Ap Kubi* avanzando un paso hacia *c* con el pie izquierdo. Repetimos después el *Palkup Montong Chigui*.

```
b   a   c
b ──┼── c
b ──┴── c
    d
```

16. Giramos 90 grados a la izquierda llevando el pie izquierdo hacia *a*. En posición *Ap Kubi* realizamos una parada *Are Maki*. Permanecemos en la misma posición, realizando una parada media *Montong An Maki*.

```
c   d   b
c ──┼── b
c ──┴── b
    a
```

18. De vuelta a la posición *Ap Kubi* realizamos *Are Maki*. Siempre en la misma posición paramos con *Montong An Maki*.

```
c   d   b
c ──┼── b
c   │   b
    a
```

19. Haciendo palanca sobre el pie derecho movemos el izquierdo en *b* y paramos con *Olgul Maki*.

```
c   d   b
c ──┼── b
c   │   b
    a
```

17. Volvemos a la posición *Ap Kubi* avanzando hacia *a* lanzando un *Ap Chagui* con el pie derecho.

```
c   d   b
c ──┼── b
c   │   b
    a
```

20. En este momento lanzamos un *Yop Chagui*, bajamos el pie en *b*, volviendo a la posición *Ap Kubi*.

21. Manteniendo la posición, realizamos un *Montong Palkup Piochok Chigui*, un golpe de codo orientado al rostro, realizado con el brazo a la altura de los hombros.

22. Ahora nos giramos 180°, llevando el pie derecho hacia *c*, y asumiendo la posición *Ap Kubi*. Paramos con *Olgul Maki*.

23. Siempre girado hacia *c*, lanzamos un *Yop Chagui* con el pie izquierdo y lo bajamos nuevamente a *c*, asumiendo la posición *Ap Kubi*.

```
c   d   b
c ──┼── b
c   │   b
    a
```

24. Manteniendo la posición realizamos otro golpe de codo *Montong Palkup Piochok Chigui*.

25. Con palanca sobre el pie derecho, giramos con todo el cuerpo a la izquierda hacia *a*. En posición *Ap Kubi* paramos con *Are Maki*. Manteniendo la misma posición realizamos la parada media *Montong An Maki*.

```
c   d   b
c ──┼── b
c   │   b
    a
```

26. Ahora lanzamos un *Ap Chagui* con el pie derecho y lo bajamos hacia *a*. En este momento, llevando hacia delante el costado derecho a la posición *Koa Sogui*, aplicamos la técnica *Dung Chumok Ap Chigui* junto con el *Kiap*, el grito final.

```
c   d   b
c ──┼── b
c   │   b
    a
```

27. Al término de la quinta forma, hacemos palanca bajo ambos pies para volver a la posición de partida: giramos a la izquierda 180 grados, llevando la mirada hacia el punto *d*.

```
b   a   c
b ──┼── c
b   │   c
    d
```

EL CINTURÓN MARRÓN

Las técnicas fundamentales

OKGORO ARE MAKI (parada baja cruzada)

Entre las paradas, es una de las más importantes y consiste en oponer una eficaz resistencia contra ataques muy potentes. Se parte de la posición *Ap Kubi* en la que los puños, cerrados contra los costados, con movimientos veloces y simultáneos realizan la parada cruzándose delante del cuerpo. Aquí vemos un ejemplo contra una patada frontal.

GECHIO ARE MAKI
(doble parada baja)

Se trata de una técnica muy fácil para bloquear dos golpes bajos simultáneos, que proceden de diferentes direcciones. La parada se realiza cruzando las muñecas sobre la cabeza. Desde esta posición hacemos descender con fuerza los brazos hasta cerrar los puños a la altura de la cadera. Con el movimiento final del antebrazo concluimos la parada.

SONNAL ARE MAKI
(parada baja con el exterior de la mano)

Para realizar *Sonnal Are Maki* elevamos los brazos hacia atrás, con la palma de la mano que para girada hacia arriba. Después realizamos la técnica llevando los brazos rápidamente hacia delante y girando los antebrazos. Mientras el brazo que para se dirige hacia abajo, el otro llega simultáneamente a la parada, a la altura del plexo solar, con la palma de la mano girada hacia arriba.

GECHIO MONTONG MAKI
(doble parada media)

Es una técnica utilizada contra las tentativas de ataque al cuello. El objetivo es liberarse de una eventual presa del adversario y contraatacar rápidamente. En la posición de partida tenemos los puños cerrados sobre las caderas; después los elevamos hasta llegar a la altura del plexo solar, donde los cruzamos para aumentar la fuerza de la parada. Al final los brazos están semidoblados, con los codos casi a la altura de los hombros.

MURUP CHIGUI (ataque de rodilla)

Se trata de una técnica de gran potencia. Teniendo una pierna retrasada respecto a la otra, tendemos hacia delante los brazos y sujetamos la cabeza del adversario; simultáneamente elevamos la rodilla de la pierna retrasada y traemos al adversario hasta golpearlo con la rodilla. Una variante consiste en sujetar a nuestro antagonista por los hombros, a fin de impedirle esquivar el ataque.

DU CHUMOK CHECHO JIRUGUI (doble ataque de puño)

Este ataque, como el anterior, es utilizado cuando el adversario se encuentra a poca distancia. Comenzamos con los puños apoyados sobre las caderas y después los giramos golpeando al adversario; es fundamental que en el momento del impacto los pulgares estén girados hacia arriba y los codos doblados próximos al estómago.

MIRO CHAGUI (patada que desequilibra)

Es una patada muy útil en combate, eficaz tanto en ataque como en defensa. El *Miro Chagui* representa una técnica intermedia entre la patada frontal y la lateral. En fase defensiva, en la foto de la izquierda, se observa como un potente freno de frente al ataque peligroso. En fase ofensiva, en cambio, sirve para desequilibrar o abatir al adversario, tanto si este se defiende con fintas, como si lanza contra nosotros un ataque.

BITURO CHAGUI (patada exterior)

El *Bituro Chagui* es una técnica ofensiva de media potencia que permite sorprender al adversario, atacándolo con precisión y logra al mismo tiempo evitar obstáculos como antebrazos y codos. Este ataque en su desarrollo inicial es similar al *Ap Chagui*; en la parte final, en caso de proseguir frontalmente, el pie va a golpear hacia el exterior. La patada puede propinarse a diferentes alturas, siempre con el metatarso. Aquí vemos la demostración de una patada externa lanzada contra la cara.

MOMDOLLYO CHAGUI (patada circular hacia atrás)

Se trata de una técnica especialmente efectuada en combate, aunque muy difícil de realizar: requiere una gran coordinación y movilidad.

Se recomienda prestar atención porque la patada es además peligrosa. La potencia que desarrolla un atleta bien entrenado es enorme. En la posición de partida una pierna está más retrasada que la otra: el eje de rotación está representado por la pierna avanzada. El pie de apoyo gira 360 grados si al término del movimiento nos encontramos en la posición de partida; gira, en cambio, sólo 180 grados si apoyamos delante el pie que ha golpeado. Mientras giramos, la pierna retrasada se mueve hacia delante pasando cercana a la de apoyo y se extiende un momento antes de impactar, para tener así una mayor rapidez durante la rotación, y para intentar un engaño al adversario.

Se puede golpear con el talón o con la planta del pie; el primer caso se utiliza sobre todo en la exhibiciones y en las roturas, el segundo va mejor en el combate, porque ofrece al adversario menos tiempo para poder esquivar.

En la foto de arriba, vemos la fase de carga de la patada. Al lado observamos la fase de impacto mediante el talón, que va a golpear la cabeza del adversario.

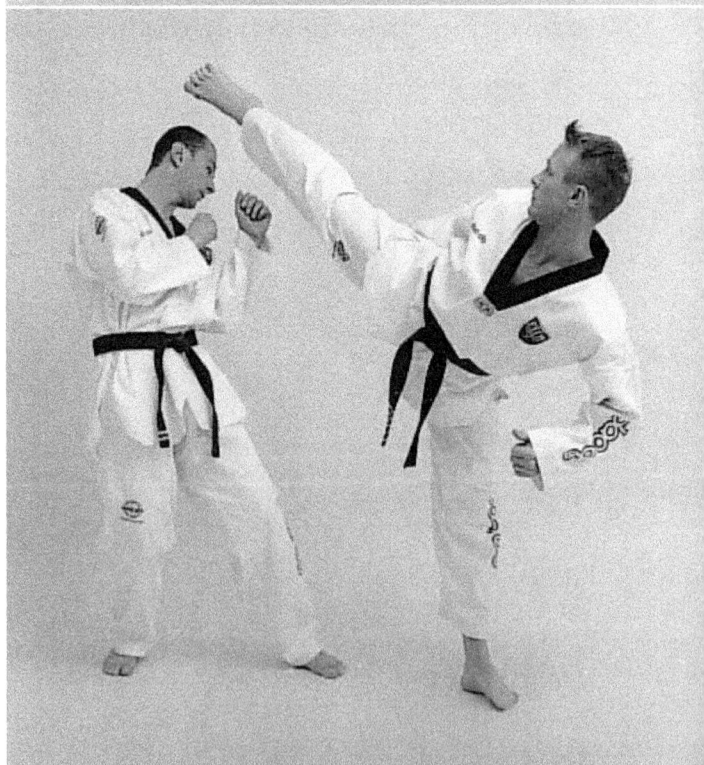

Las formas

TAEGUK YUK CHANG (sexta forma)

1. Posición de preparación *Kibon Chumbi.*

```
  a
b ─┼─ c
b ─┼─ c
b ─┼─ c
  d
```

2. Después de haber adoptado la posición *Ap Kubi,* girando el cuerpo a la izquierda y moviendo el pie izquierdo hacia *c,* realizamos la técnica *Are Maki.*

```
  a
b ─┼─ c
b ─┼─ c
b ─┼─ c
  d
```

3. Con apoyo sobre el pie izquierdo, golpeamos con el derecho un *Ap Chagui,* retornando sobre el punto de partida.

A continuación aplicamos la técnica *Montong Bakat Maki,* una parada efectuada con el lado externo del brazo.

```
  a
b ─┼─ c
b ─┼─ c
b ─┼─ c
  d
```

4. Haciendo palanca sobre el pie izquierdo, nos giramos a la derecha llevando el pie derecho hacia *b*; después realizamos la técnica *Are Maki*.

5. Apoyados sobre el pie derecho, lanzamos un *Ap Chagui* con el izquierdo y lo devolvemos al suelo. Después aplicamos la técnica *Montong Bakat Maki*.

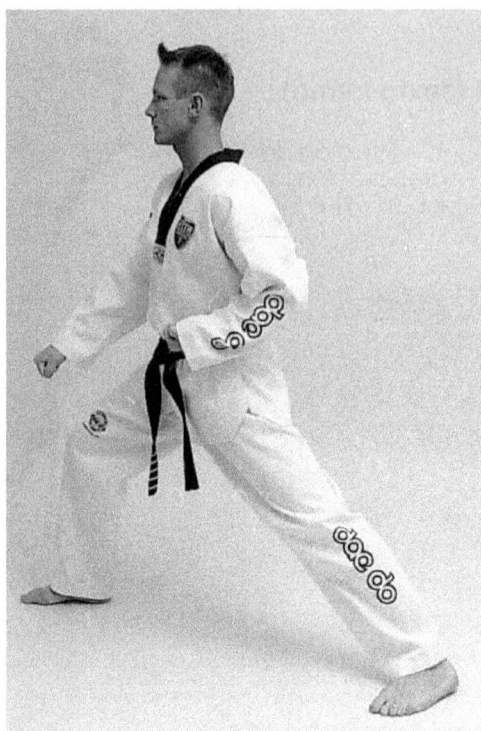

6. Apoyados sobre el pie derecho, nos giramos a la izquierda y movemos el izquierdo hacia *d*. Aplicamos después la técnica *Bituro Jansonnal Olgul Bakat Maki*, una parada alta de corte realizada con un movimiento desde el interior hacia el exterior, con rotación del cuerpo.

8. Ahora adoptamos la posición *Ap Kubi* moviendo el pie izquierdo hacia *c*. En este momento aplicamos la técnica *Olgul Bakat Maki*: para realizar esta parada media alta, el puño que para parte de un apoyo en el hombro opuesto y se desarrolla simultáneamente hacia el exterior y hacia arriba. Después de haber acabado el movimiento y manteniendo la posición, realizamos un *Montong Baro Jirugui*.

7. Con el pie derecho lanzamos un *Dollyo Chagui* hacia *d* y lo bajamos llevándolo paralelo al izquierdo; el cuerpo se gira hacia *c*.

9. Hacemos un *Ap Chagui* con el pie derecho y lo bajamos en *c*. Una vez concluido el movimiento, hacemos un *Montong Baro Jirugui*.

10. Haciendo palanca sobre el pie izquierdo, giramos hacia la derecha, llevando el pie derecho hacia *b*. Aplicamos después la técnica *Olgul Bakat Maki*. Permaneciendo en la posición *Ap Kubi*, lanzamos un *Montong Baro Jirugui*.

11. Siempre girados hacia *b*, lanzamos un *Ap Chagui* con el pie izquierdo. Permaneciendo en la posición *Ap Kubi*, lanzamos otro *Montong Baro Jirugui*

12. Haciendo palanca sobre el pie derecho, giramos hacia la izquierda en dirección a *d,* y realizamos la técnica *Gechio Are Maki.*

13. Apoyados en el pie izquierdo, avanzamos un paso con el derecho en dirección *d.* Ahora podemos realizar la técnica *Bituro Jansonnal Olgul Bakat Maki.*

14. Lanzamos un *Dollyo Chagui* con el pie izquierdo, seguido del *Kiap,* el grito final, y lo retornamos al suelo paralelo al derecho.

15. Volvemos a la posición *Ap Kubi,* haciendo palanca en el pie izquierdo y girando a la izquierda, llevando el pie derecho a *c.* Realizamos ahora la parada *Are Maki.*

16. En apoyo sobre el pie derecho lanzamos un *Ap Chagui* con el izquierdo para después volverlo al mismo punto. Después aplicamos la técnica *Montong Bakat Maki*: en esta parada media, el puño que esquiva el golpe del adversario, parte del hombro opuesto y el brazo realiza un movimiento desde el interior hasta el exterior.

17. Ahora asumimos la posición *Ap Kubi*, es decir, haciendo palanca sobre el pie derecho giramos a la derecha y llevamos el izquierdo a *b*. En este momento realizamos un *Are Maki*.

18. Siempre girados hacia *b*, lanzamos un *Ap Chagui* con el pie derecho volviéndolo siempre al mismo punto. Después, en posición *Tuit Kubi* realizamos la técnica *Montong Bakat Maki*.

19. Adoptamos la posición *Tuit Kubi*, manteniendo el apoyo sobre el pie izquierdo y retrocediendo un paso con el pie derecho hacia *a*. En esta posición realizamos la técnica *Sonnal Montong Maki*, con la mirada en *d*.

20. Volvemos a la posición *Tuit Kubi*, después de retroceder un paso con el pie izquierdo hacia *a*. En esta posición aplicamos la técnica *Sonnal Montong Maki*.

```
    a
b ——┼—— c
b ——┼—— c
b ——┼—— c
    d
```

21. Ahora retrocedemos con el pie derecho hacia *a* y realizamos la técnica *Batang Son Montong Maki*, una parada media realizada con la palma de la mano. Después, con ambos pies fijos en el suelo, realizamos la técnica *Montong Baro Jirugui*.

```
    a
b ——┼—— c
b ——┼—— c
b ——┼—— c
    d
```

22. Retrocedemos con el pie izquierdo en dirección de *a*. Con la mirada orientada siempre hacia *d* aplicamos la técnica *Batang Son Montong Maki*. En la misma posición realizamos la técnica *Montong Baro Jirugui*.

```
    a
b ——┼—— c
b ——┼—— c
b ——┼—— c
    d
```

23. Al término de la sexta forma, volvemos a la posición de partida llevando hacia atrás el pie derecho.

```
    a
b ——┼—— c
b ——┼—— c
b ——┼—— c
    d
```

TAEGUK CHIL CHANG (séptima forma)

1. Posición de preparación *Kibon Chumbi.*

2. Giramos a la izquierda, hacia *c*, y realizamos la técnica *Batang Son Montong An Maki.*

3. Con apoyo sobre el pie izquierdo realizamos un *Ap Chagui* con el derecho; después lo llevamos al punto de partida. En este punto, alcanzada la posición *Bom Sogui*, realizamos la técnica *Montong An Maki.*

4. Mantenemos la posición *Bom Sogui* y haciendo palanca sobre el pie izquierdo, giramos a la derecha llevando el derecho a *b*. Aplicamos seguidamente la técnica *Batang Son Montong An Maki*.

5. Lanzamos un *Ap Chagui* con el pie izquierdo, después lo llevamos al punto de partida. En posición *Bom Sogui* realizamos la técnica *Montong An Maki* con el brazo derecho.

6. Volvemos a la posición *Tuit Kubi*, apoyando sobre el pie derecho y desplazando el izquierdo hacia *d*; en este punto realizamos la técnica *Sonnal Are Maki*.

8. Adoptamos ahora la posición *Bom Sogui.* Haciendo palanca sobre el pie izquierdo nos giramos llevando el derecho a *c*; aplicamos la técnica *Goduro Batang Son Montong An Maki,* una parada con la palma de la mano con palanca sobre el codo. Manteniendo los pies fijos en el suelo pasamos a la técnica *Dung Chumok Olgul Ap Chigui.*

7. Ahora avanzamos un paso con el pie derecho para parar todavía con *Sonnal Are Maki.*

9. Nos giramos después a la derecha, hacia *b,* y aplicamos una vez la técnica *Goduro Batang Son Montong An Maki.* Manteniendo la posición pasamos a la técnica *Dung Chumok Olgul Ap Chigui.*

11. Una vez vueltos a *Ap Kubi*, después de avanzar con el pie izquierdo hacia *d*, aplicamos la técnica *Dubon Gawi Maki*, una parada realizada con un brazo hacia abajo y el otro a media altura, repitiendo y alternando las posiciones de los brazos.

10. Mientras acercamos el pie izquierdo al derecho, nos giramos hacia *d* y después pasamos a *Moa Sogui*, una posición frontal con las manos a la altura del pecho. En este momento aplicamos la técnica *Bo Chumok*, que pone las manos unidas en pirámide, es decir, con una que cubre a la otra en puño.

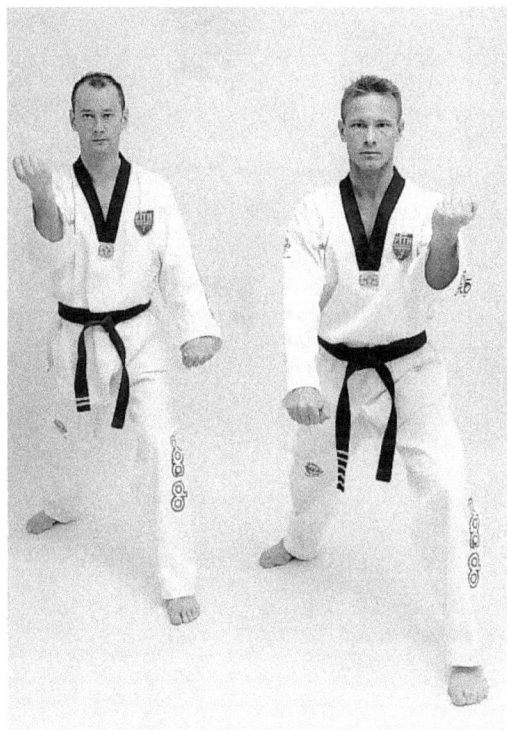

12. Siempre en posición *Ap Kubi* avanzando un paso con el pie derecho en *d*, repetimos la parada *Dubon Gawi Maki*.

13. Todavía en posición *Ap Kubi,* giramos a la derecha llevando el pie izquierdo a *b;* después realizamos la técnica *Gechio Montong Maki,* una doble parada media.

14. Siempre en posición *Ap Kubi,* extendemos los brazos hacia delante, como para sujetar la cabeza del adversario.

15. Ahora realizamos con la pierna derecha un *Murup Chigui* avanzando un paso.

16. En posición *Koa Sogui*, realizamos la técnica *Du Checho Jirugui*, un doble ataque de puño medio. Después de pasar a la posición *Ap Kubi*, llevando el pie izquierdo hacia atrás, realizamos la parada cruzada *Okgoro Are Maki*.

17. Haciendo palanca sobre el pie izquierdo nos giramos en dirección *c* para realizar la técnica *Gechio Montong Maki*.

18. En la misma posición extendemos los brazos como para sujetar la cabeza del adversario.

20. En posición *Koa Sogui*, realizamos una vez más la técnica *Du Checho Jirugui*. En posición *Ap Kubi* llevando hacia atrás el pie izquierdo para realizar la parada *Okgoro Are Maki*.

19. Realizamos después otro *Murup Chigui* avanzando un paso con la pierna derecha.

21. Girándonos hacia la izquierda, desplazamos el pie izquierdo sobre la línea *a* para realizar la técnica *Dung Chumok Olgul Bakat Chigui*, un ataque alto de nudillos llevado a la sien; también este golpe se realiza partiendo con el puño en apoyo sobre el hombro opuesto y realizando un movimiento desde dentro hacia fuera.

23. En la misma posición, realizamos un *Palkup Piochok Montong Chigui,* un ataque de codo medio circular al rostro: se sujeta al adversario mientras se adelanta el codo. Pasando en posición *Ap Sogui,* aplicamos con el brazo derecho la técnica *Dung Chumok Olgul Bakat Chigui.*

```
c ──┬── d ── b
c ──┼── b
c ──┴── b
      a
```

22. Lanzamos ahora un *Piochok Chagui* con el pie derecho, realizado con la planta del pie, con un movimiento desde el exterior hacia el interior; después bajamos el pie en *a* en posición *Chuchum Sogui.*

```
c ──┬── d ── b
c ──┼── b
c ──┴── b
      a
```

24. Ahora lanzamos un *Piochok Chagui* con el pie izquierdo y lo bajamos en *a* en posición *Chuchum Sogui.*

```
c ──┬── d ── b
c ──┼── b
c ──┴── b
      a
```

25. En la misma posición realizamos primero un golpe de codo *Palkup Piochok Montong Chigui*; después continuamos con la técnica *Jansonnal Montong Yop Maki*, una parada lateral media realizada con el exterior de la mano.

26. En este momento avanzamos un paso con el pie derecho en *a*. Finalmente pasamos a la técnica *Chumok Yop Jirugui*, un puño medio lateral que desde la cadera se desplaza hacia delante con el brazo en *a* y el tórax girado hacia *b*. Acompañamos el movimiento con el *Kiap*, el grito final.

27. Al término de la séptima forma, hacemos palanca sobre el pie derecho para volver a la posición de partida: rotamos 180 grados, llevando la mirada hacia el punto *d*.

INTRODUCCIÓN AL CINTURÓN NEGRO

Contrariamente a la opinión más extendida entre la mayoría, adquirir el cinturón negro no representa la meta de un duro entrenamiento, sino el punto de partida hacia una especialización todavía más profunda. En los cinturones anteriores, en cambio, el practicante prepara una serie de técnicas que se definen como fundamentales porque constituyen la base del posterior aprendizaje.

Una vez conseguido el cinturón marrón, es necesario además afinar la técnica de los niveles inferiores y hacerla propia a fin de que se traduzca en gestos totalmente naturales. De esta manera se aprenderán con mayor facilidad las técnicas del cinturón negro.

Recordemos que el examen para el cinturón negro se realiza en la federación, delante de una comisión compuesta por tres maestros.

En las siguientes páginas ilustramos una serie de patadas en vuelo altamente espectaculares que representan las técnicas fundamentales del último cinturón; después realizamos el examen *Taeguk Pal Chang*, es decir, la octava forma, obligatoria para el examen de cin-turón negro; por fin nos ocupamos del programa de examen de cinturón negro 1.er *Dan* exigido en la federación.

Las técnicas fundamentales

Tuio Chagui (patada en salto o en vuelo)

En el *Tae Kwon Do*, todas las técnicas de pierna pueden ser realizadas en vuelo. La ejecución de los movimientos requiere un entrenamiento particularmente cuidado, capaz de desarrollar una gran potencia en los músculos extensores de la pierna, que permiten permanecer en elevación el tiempo necesario para golpear y efectuar una correcta caída. La patada en vuelo consta de tres partes: impulso, vuelo y caída. Obviamente las patadas con rotación son las más complejas, mientras que las frontales resultan más sencillas. Veamos cómo realizar algunas aplicaciones.

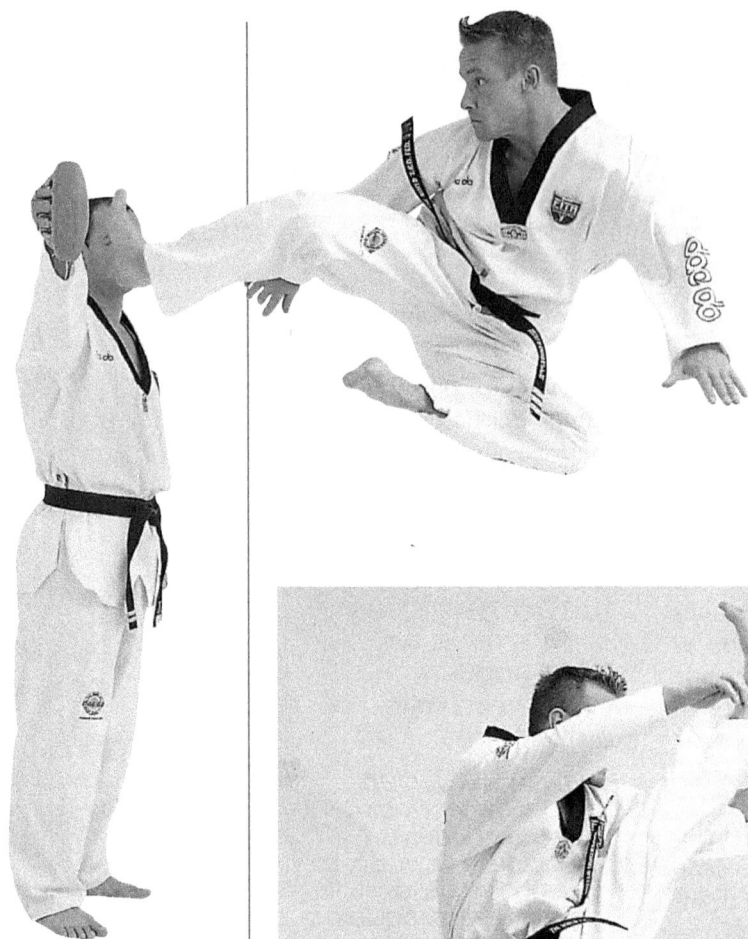

Un ejemplo de *Tuio Yop Chagui*, patada lateral en vuelo directo a la cara.

Un espectacular *Tuio Neryo Chagui*, patada en hacha al vuelo.

La ejecución de *Tuio Ap Chagui*, patada frontal al vuelo.

Una demostración de *Tuio Momdollyo Chagui*, patada circular en vuelo hacia atrás.

Las formas

TAEGUK PAL CHANG (octava forma)

1. Posición de preparación *Kibon Chumbi*.

2. Pasamos a la posición *Tui Kubi* después de avanzar con el pie izquierdo y realizamos la técnica *Goduro Montong Maki*, en la que un brazo efectúa la parada mientras el otro protege el plexo solar. En este momento, sin avanzar, adoptamos la posición *Ap Kubi*, moviendo el pie izquierdo, y lanzamos un *Montong Baro Jirugui*.

3. Lanzamos ahora un *Dubal Dang San Ap Chagui*, es decir, una doble patada frontal, saltando adelante hacia *d*, y acabamos en posición *Ap Kubi*; acompañamos el movimiento con *Kiap*, el grito final.

4. Siempre en posición *Ap Kubi*, realizamos la parada *Montong An Maki*.

```
b ──a── c
b ──┼── c
b ──┼── c
    d
```

5. Manteniendo la posición *Ap Kubi*, realizamos el doble ataque *Montong Dubon Jirugui*, primero con un puño y después con el otro.

```
  ──a── c
b ──┼── c
b ──┼── c
    d
```

6. Todavía en posición *Ap Kubi*, avanzamos un paso hacia *d*; después realizamos la técnica *Montong Bande Jirugui*.

```
b ──a── c
b ──┼── c
b ──┼── c
    d
```

7. Haciendo palanca sobre el pie derecho, llevamos el izquierdo a *b*, con el cuerpo girado hacia *a* (pero con la mirada siempre en *b*); después en posición *Ap Kubi* aplicamos la técnica *Oe Santul Maki*, una parada al mismo tiempo alta y baja.

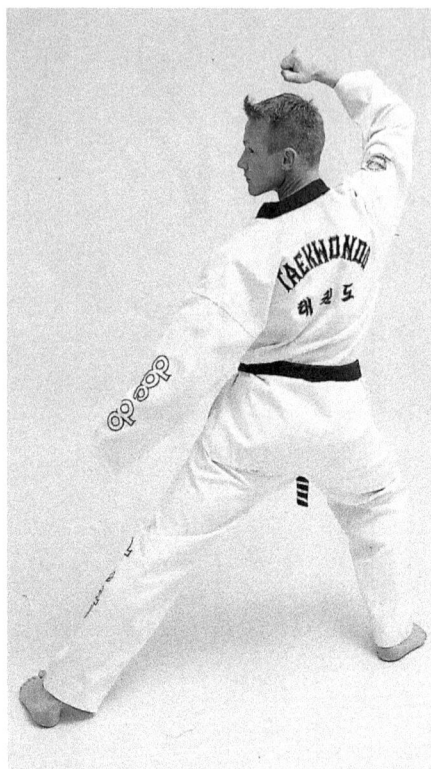

8. Permanecemos en la posición *Ap Kubi* y, con los pies fijos en el suelo, rotamos el cuerpo hacia la izquierda, hacia *b*. Realizamos después la técnica *Chumok Dang Kiotok Juriki*, un puño rotante.

9. Realizamos un *Ap Koa Sogui*, es decir, un desplazamiento con el pie izquierdo, que se cruza con el derecho en dirección *c*.

10. En posición *Ap Kubi,* moviendo el pie derecho hacia *c* (el cuerpo está girado hacia *a*), aplicamos nuevamente la técnica *Oe Santul Maki.*

11. En posición *Ap Kubi,* manteniendo los pies fijos en el suelo y rotando con el cuerpo a la derecha hacia la posición *c*, aplicamos la técnica *Chumok Dang Kiotok Jirugui.*

12. En posición *Tuit Kubi*, utilizando el pie derecho como palanca, giramos el cuerpo a la izquierda 270 grados, llevando el izquierdo hacia *d*, y realizando la técnica *Sonnal Montong Maki*. Moviendo el pie izquierdo nos colocamos en la posición *Ap Kubi* y aplicamos la técnica *Montong Baro Jirugui*.

13. Lanzamos ahora un *Ap Chagui* con el pie derecho hacia *d*, retornándolo hacia el mismo sitio. Damos un paso hacia atrás con el izquierdo, en posición *Bom Sogui*, y aplicamos la técnica *Batang Son Montong Maki*.

14. En la posición *Bom Sogui,* haciendo palanca con el pie derecho y moviendo el izquierdo hacia *c,* aplicamos la técnica *Sonnal Montong Maki.*

15. Con apoyo sobre el pie derecho lanzamos un *Ap Chagui* con el izquierdo y lo apoyamos en *c* en posición *Ap Kubi.* Aplicamos después la técnica *Montong Baro Jirugui.*

16. En posición *Bom Sogui* moviendo el pie izquierdo, aplicamos la técnica *Batang Sonnal Montong Maki*.

17. Todavía en posición *Bom Sogui*, haciendo palanca con ambos pies, giramos a la derecha hacia *b* y realizamos de nuevo *Sonnal Montong Maki*.

18. Apoyado sobre el pie izquierdo lanzamos un *Ap Chagui* con el derecho y lo bajamos en *b* en posición *Ap Kubi*. Lanzamos después un *Montong Baro Jirugui*.

19. En posición *Bom Sogui* moviendo el pie derecho, aplicamos la técnica *Batang Son Montong Maki*.

```
b   a
b ──┼── c
b   │   c
    d
```

20. Adoptamos la posición *Tuit Kubi* y, haciendo palanca sobre el pie izquierdo, giramos a la izquierda 270 grados, con la cadera y el cuerpo girado hacia *b*, llevando el pie derecho hacia *a*; después realizamos la técnica *Godo Orro Are Maki*.

```
c   d
c ──┼── b
c   │   b
    a
```

21. Lanzamos un *Ap Chagui* con el pie izquierdo y lo movemos sin tocar el suelo, después realizamos un *Ap Chagui* en salto con el pie derecho; en la caída, el pie izquierdo va a apoyarse en el punto que antes estaba ocupado por el pie derecho. Acompañamos el movimiento con el *Kiap*, el grito final.

```
c   d
c ──┼── b
c   │   b
    a
```

22. En posición *Ap Kubi* realizamos la técnica *Montong Maki*.

```
c   d   b
c ──┼── b
c   a   b
```

23. En la misma posición, sin avanzar, lanzamos el doble ataque *Montong Dubon Jirugui*, primero con un puño y después con el otro.

```
c   d   b
c ──┼── b
c   a   b
```

24. En posición *Tuit Kubi* haciendo palanca sobre el pie derecho y girando a la izquierda 270 grados con el cuerpo y la cadera girados hacia *d* y llevando el pie izquierdo hacia *c*. Después realizamos la técnica *Jansonnal Montong Maki*, una parada media con el exterior de la mano.

```
b   a   c
b ──┼── c
b   d   c
```

25. Pasamos a *Ap Kubi* alargando la posición desplazando el pie izquierdo. Realizamos ahora un *Palkup Olgul Dollyo Chigui,* un golpe de codo circular directo al rostro.

26. En la misma posición, continuamos con un *Dung Chumok Olgul Chigui.*

27. Siempre con los pies apostados en la misma posición, lanzamos un *Montong Bande Jirugui*.

28. Adoptamos la posición *Tuit Kubi* y giramos el cuerpo a la derecha hacia *b* haciendo palanca sobre el pie izquierdo; después aplicamos la técnica *Jansonnal Montong Maki*.

29. Pasando en *Ap Kubi*, alargamos la posición desplazando el pie derecho, después realizamos la técnica *Palkup Olgul Dollyo Chigui*.

30. En la misma posición continuamos con un *Dung Chumok Olgul Ap Chigui*.

31. Siempre en la misma posición lanzamos un *Montong Bande Jirugui.*

```
b ── a ── c
b ──────── c
b ── d ── c
```

32. Como conclusión de la octava forma volvemos a la posición de partida retrasando el pie derecho y llevando la mirada hacia *d.*

```
b ── a ── c
b ──────── c
b ── d ── c
```

El programa de examen para el cinturón negro

Técnica	Posición
1. *Bandal Chagui:* patada frontal circular (30")	*Kyorumse* (estático)
2a. Con apoyo y retorno de la misma pierna se realiza *Bandal Chagui + Tuit Chagui*	*Kyorumse* (movimiento)
2b. Con apoyo y retorno de la misma pierna se realiza *Bandal Chagui + Tuit Chagui*	
2c. Con apoyo y retorno de la otra pierna se realiza *Bandal Chagui + Neryo Chagui*	
3a. Con apoyo y continuidad se realiza *Bandal Chagui + Tuit Chagui*	*Kyorumse* (movimiento)
3b. Con apoyo y continuidad se realiza *Bandal Chagui* + giro frontal + *Tuit Chagui)*	
3c. Con apoyo y continuidad se realiza *Bandal Chagui + Bandal Chagui + Dollyo Chagui*	

Forma	Combate
1. Obligatoria *Taeguk Pal Chang:* octava forma	1. Combate condicionado situacional (1 asalto de 1 minuto)
2. Sorteo *Taeguk Chil Chang:* séptima forma *Taeguk Yuk Chang:* sexta forma *Taeguk Oh Chang:* quinta forma	2. Combate condicionado situacional (1 asalto de 1 minuto)
3. De libre elección *Taeguk Chil Chang:* séptima forma *Taeguk Yuk Chang:* sexta forma *Taeguk Oh Chang:* quinta forma	3. Combate libre (1 asalto de 1 minuto)